GODIN

MUTUALITÉ SOCIALE

ET

ASSOCIATION DU CAPITAL ET DU TRAVAIL

OU

EXTINCTION DU PAUPÉRISME

PAR LA CONSÉCRATION

Du Droit naturel des Faibles au nécessaire

et du Droit des Travailleurs à participer aux bénéfices

de la production.

Seconde édition contenant les modifications apportées aux statuts
depuis la fondation de l'association du Familistère de Guise.

GUISE
Imprimerie Édouard BARÉ. — Typographie et Lithographie.
1891

NOTE DE L'ADMINISTRATION

L'Association du Familistère de Guise a été fondée le 13 août 1880, et ses Statuts furent publiés pour la première fois à cette même date. Depuis cette époque un certain nombre de modifications dictées par la pratique et l'expérience ont été apportées aux statuts et règlements.

L'édition nouvelle que publie aujourd'hui l'Association contient toutes ces modifications, aussi bien celles faites du vivant du Fondateur, décédé le 15 janvier 1888, que celles faites depuis, — sous la Gérance de Madame veuve Godin et sous la Gérance de l'Administrateur actuel.

Nous avons ajouté comme appendice à l'ensemble de nos statuts un extrait du testament de Monsieur Godin.

Les renvois dans le texte indiquent les dates des Assemblées Générales et des Conseils qui ont décidé des modifications.

Nous avons supprimé l'ancien texte modifié, jugeant inutile de reproduire des articles abrogés qui n'auraient eu pour le lecteur qu'un mince intérêt rétrospectif.

Familistère de Guise, le 13 janvier 1891.

L'Administrateur-Gérant,

François DEQUENNE.

NOTIONS PRÉLIMINAIRES

CHAPITRE I

UTILITÉ DE CE LIVRE

C'est avec le désir d'être utile au présent et à l'avenir que je publie les statuts de l'Association du Familistère.

Le moment approche où la Société réclamera la solution des problèmes que le salariat pose à notre civilisation.

Ces problèmes ne seront résolus que par des institutions de nature à coordonner les forces du monde moderne et à en répartir les ressources avec équité et justice. C'est dans ce but que ce livre pourra être consulté avec fruit.

En présence de la diffusion actuelle des lumières et de l'élévation du niveau intellectuel des classes ouvrières, les esprits les moins attentifs reconnaissent que la société ne peut rester sans réparer l'oubli de ses devoirs, en accordant aux classes laborieuses des garanties contre la misère et le besoin.

Ce sont ces garanties qu'il importe de découvrir et de créer si l'on veut assurer la paix et la sécurité sociale.

Qu'on ne dise pas qu'elles sont impossibles à accorder. L'impossibilité n'existe que par ignorance de ce qui est à faire, et par indifférence pour le bien à accomplir.

Si ceux qui ignorent savaient et si ceux qui peuvent voulaient, les difficultés sociales seraient bientôt résolues.

L'Association dont je publie aujourd'hui les Statuts n'est pas une œuvre improvisée ; c'est le résultat d'une longue expérience. Elle est, sur le terrain de la pratique, une élaboration de ce double problème qui agite aujourd'hui tout le monde civilisé : éteindre le paupérisme et donner aux classes laborieuses les garanties nécessaires à l'existence.

Je ne prétends pas avoir résolu toutes les difficultés que cette question comporte. La conciliation des intérêts des classes riches avec ceux des classes laborieuses ne sera complète que le jour où elle sera d'une application générale dans les institutions sociales.

L'Association du Familistère est particulièrement industrielle. C'est l'application, restreinte à un millier environ de travailleurs, de garanties mutuelles contre la misère et les privations ; c'est la participation du travail aux bénéfices de la production.

Néanmoins, dans ces limites, je présente avec confiance à mes contemporains les Statuts de cette Association et je les confie surtout à l'avenir, comme étude utile à poursuivre dans le champ de l'application.

Des Statuts et des Règlements présentent sous une forme trop concise les faits et les principes qu'ils consacrent ; les raisons et les motifs qui les ont dictés n'apparaissent pas immédiatement à l'esprit des hommes même les plus attentifs. Il faudrait donc, pour éclairer le lecteur, mettre sous ses yeux les longues études, les discussions des motifs

qui m'ont fait choisir telle rédaction plutôt que telle autre
qui, au premier abord, pourrait paraître mieux appropriée
au sujet.

Mais, comme je ne puis me livrer ici à ce travail, je prie
le lecteur de vouloir bien suivre attentivement l'exposé
sommaire des considérations et des principes qui m'ont
guidé dans cette fondation.

CHAPITRE II

ÉTAT DE LA SOCIÉTÉ MODERNE

Quand on examine l'état présent de l'industrie dans
le monde civilisé, on est frappé de cette anomalie que les
Sociétés voient chaque jour se développer leurs moyens de
production et s'accroître les ressources propres à augmenter
la consommation de chacun, tandis que le paupérisme,
contrairement à ce qui devrait se produire, tend à se déve-
loppper au milieu de cet accroissement de la prospérité
publique.

La richesse s'accumule aux mains de quelques-uns dans
des proportions inouïes, et la masse du peuple n'a ni plus de
sécurité ni plus de garanties pour le lendemain.

Toute l'existence des classes ouvrières repose sur le
salaire : si le salaire fait défaut, la misère est aussitôt dans
la famille.

Dans l'ancien comme dans le nouveau monde, travailleurs et chefs d'industrie se préoccupent de la solution de ce problème.

A quoi serviraient les progrès de l'industrie et de l'agriculture, si les ouvriers, auteurs principaux de cette prospérité, devaient être privés du nécessaire que le sauvage et l'animal obtiennent de la nature !

Mais pour que ces progrès, gloires du travail humain, puissent procurer à la Société tous les bienfaits qu'elle est en droit d'en attendre, il faut que les institutions, tout en sauvegardant les intérêts de ceux qui possèdent, donnent aux classes laborieuses les garanties qui leur sont dues. A défaut d'une telle organisation, les intérêts se heurtent confusément et les individus ne peuvent donner essor à leur activité sans entrer en conflit les uns avec les autres.

Partout, en France, en Allemagne, en Angleterre, aux Etats-Unis, les chefs d'industrie, les fabricants, les cultivateurs cherchent des débouchés à leurs produits. On ne voit pas que les consommateurs sont à la porte même de l'usine et de la ferme et que la part trop restreinte qui leur est faite dans les bénéfices les empêche seule d'assurer à la production d'intarissables débouchés.

Cet état de choses fait que la richesse reste presque inactive, que les capitaux regorgent dans les banques.

Des conflits semblables à ceux que nous révèlent les grèves des mines et des fabriques en Angleterre, les grèves des chemins de fer aux Etats-Unis, celles dont la France a trop souvent à se préoccuper, ne naissent pas sans des causes profondes qu'il serait imprudent de méconnaître plus longtemps. Ces conflits puisent leur principale raison d'être dans un vice d'organisation de l'industrie et dans l'insuffisance des garanties données au travailleur.

Le chômage, les conflits entre patrons et ouvriers sont des sujets qui méritent la plus sérieuse attention de la part de tous ceux qui cherchent les améliorations politiques et sociales nécessaires au bonheur des peuples.

La plupart des hommes qui influent sur les questions du travail ne voient dans la société que l'équilibre de la production et de la consommation, au lieu d'y voir l'équilibre de la vie humaine. Les choses leur importent plus que les personnes. Ils ne se préoccupent que des intérêts matériels là où sont en jeu les intérêts de l'existence.

Ne consultant que des chiffres, ne supputant que des bénéfices au lieu de chercher avant tout le bien-être des hommes, ils n'imaginent, comme remède à l'encombrement des produits, que l'abaissement des salaires; moyen aussi injuste qu'il est insensé, car il va directement contre son but.

En effet, la fabrication à prix réduit a pour conséquence d'augmenter un stock déjà trop considérable, et de déprécier les produits existants.

Ces marchandises jetées sur le marché obligent à réduire, sur d'autres points, les prix des produits similaires, et, en même temps, le travail et le salaire des ouvriers.

La baisse du travail et des salaires se généralisant, la masse du peuple privée des ressources suffisantes cesse d'acheter; la consommation se ralentit et le mal s'aggrave.

Alors apparaissent le chômage, la misère, la faim, la maladie.

Tels sont les malheurs qui résultent du défaut de prévoyance et d'organisation dans la création de la richesse;

l'absence d'unité morale et de but commun fait surgir la lutte jusque dans le camp de l'industrie.

De même que dans les aberrations de la guerre, vainqueurs et vaincus ne reviennent au calme de la paix qu'après leur épuisement et leur ruine, de même dans l'industrie ce n'est qu'après les douleurs du chômage et les pertes suscitées par la concurrence que le cours normal du travail se rétablit. Ces épreuves douloureuses conduisent les sociétés à rechercher l'organisation du travail et de la paix. double but qu'elles atteindront le jour où la direction des peuples se sera élevée à l'intelligence et à l'amour du bonheur social.

Déjà l'on commence à comprendre que tous les hommes sont solidaires, dans le bien comme dans le mal, et que si aujourd'hui une classe de citoyens peut, au détriment des autres classes, accaparer certains avantages, elle est exposée à les perdre demain.

On commence à comprendre que le règne de la paix publique est au prix de l'observation de la justice et du droit à l'égard de chacun.

C'est donc, en travaillant à établir l'accord des intérêts entre les différentes classes de citoyens, en développant les liens qui doivent unir les hommes entre eux, que la sécurité réelle s'établira et que la confiance fera disparaître les inquiétudes ressenties par tant de personnes.

L'organisation de la société sur les bases de la fraternité ne peut sortir ni de la résistance aux progrès nécessaires, ni de mesures imposées par la force, ni de règles prescrites par la violence, ni de rien qui mette les hommes en lutte les uns contre les autres. Tout cela peut ou maintenir temporairement les abus, ou renverser des pouvoirs établis et déplacer la sphère de l'autorité en donnant place à de nouvelles ambitions; mais ne peut établir ni l'union, ni d'accord entre les hommes.

Seule, la connaissance des destinées humaines peut rendre possibles cette union et cet accord en indiquant ce qui est à faire pour le plus grand bien des hommes et des sociétes.

Tant que les principes des devoirs humains ne seront pas établis, tant qu'on n'aura pas déduit de ces principes des règles sûres de direction, les hommes seront divisés sur les moyens du gouvernement de soi-même et des autres ; chacun aura sa règle morale individuelle basée sur une conception différente de son intérêt dans la société, et l'absence d'unité dans le but entretiendra la rivalité et les conflits.

Il faut donc, si l'on veut entrer dans la voie de la justice, commencer par étudier quels sont le but et l'objet de l'existence humaine, quel est son rôle sur la terre.

Cette connaissance acquise, il faut que la société mette ses institutions en concordance avec la science des lois de la vie humaine, afin que chaque citoyen soit amené, par les institutions sociales elles-mêmes, à la pratique de ses devoirs.

CHAPITRE III

LA MORALE DE L'HUMANITÉ

Aux époques les plus reculées de notre humanité, l'esprit de la sagesse a donné aux hommes les préceptes les plus propres à les guider vers le règne de la justice.

Les enseignements de Zoroastre, il y a environ quatre mille ans, puis ceux de Manou, de Confucius, de Jésus, des Apôtres, etc., nous prouvent que les sages de tous les temps ont considéré l'amélioration morale chez l'homme comme la première condition de son progrès et de son bonheur.

Citons les principaux préceptes de ces sages.

Zoroastre a dit :

« Ne faites pas de mal à votre prochain. »

« Ne vous emportez pas de colère. »

« Ne vous laissez aller ni à l'avarice, ni à la violence qui
« blesse, ni à l'envie, ni à l'orgueil, ni à la vanité. »

« Ne prenez pas le bien d'autrui. »

« Répondez avec douceur à votre ennemi (1). »

« Ni la calomnie, ni la médisance, pas plus que le vol, ne
« peuvent être compensés par des prières (2). »

« Appliquez-vous à penser le bien, à dire le bien, à faire

------

(1) ZOROASTRE. — *Ieschts-Sadès XXXI*, Nekah et Namrad.

(2)   —   *Zend-Avesta*, Notices xv, Vieux Ravaet.

« le bien. Eloignez de vous tout ce qui est mal de pensée,
« de parole et d'action. »

« Tout recevra le prix de ses œuvres, le méchant comme
« l'homme pur (1). »

« Celui-là est pur qui se purifie par la sainteté de pensée,
« par la sainteté de parole, par la sainteté d'action : voilà la
« loi (2). »

Nous trouvons dans Manou :

« La résignation, l'action de rendre le bien pour le mal,
« la tempérance, la probité, la pureté, la répression des
« sens, la véracité : telles sont les vertus en quoi consiste le
« devoir (3). »

« Dire des injures, mentir, médire de tout le monde et
« parler mal à propos sont les quatre mauvais actes de la
« parole (4). »

« La souillure des membres du corps de l'homme est
« enlevée par l'eau; celle de l'esprit, par la vérité (5).»

« O homme ! tandis que tu te dis : «Je suis seul avec moi-
« même », dans ton cœur réside sans cesse cet Esprit
« suprême, observateur attentif et silencieux de tout le bien
« et de tout le mal (6). »

« Les hommes se purifient par le pardon des offenses (7).»

« Le mérite des pratiques austères est anéanti par la
« vanité (8). »

---

(1) ZOROASTRE. — *Vendidad-Sade Fargard XVIII.*
(2)　　　—　　*Vendidad-Sade Fargard V.*
(3) MANOU. — *Manava-Dharma-Sastra,* — Livre 6, Stance 92.
(4)　　—　　　—　　　Livre 12, Stance 6.
(5)　　—　　　—　　　Livre 5, Stance 109.
(6)　　—　　　—　　　Livre 8, Stance 91.
(7)　　—　　　—　　　Livre 5, Stance 107.
(8)　　—　　　—　　　Livre 4, Stance 237

« Quelle que soit l'intention dans laquelle un homme fait
« tel ou tel don, il en recevra la récompense selon cette
« intention (1). »

  « On ne doit jamais travailler à nuire à autrui, ni même
« en concevoir la pensée (2). »

    Confucius et ses disciples nous disent :

« La grande loi du devoir doit être cherchée dans l'huma-
« nité, cette belle vertu du cœur qui est le principe de l'amour
« pour tous les hommes (3). »

« Il n'y a que deux grandes voies dans le monde : celle
« de l'humanité et celle de l'inhumanité, et voilà tout (4). »

« Avoir assez d'empire sur soi-même pour juger des
« autres par comparaison avec nous et agir envers eux comme
« nous voudrions que l'on agit envers nous-mêmes, c'est ce
« que l'on peut appeler la doctrine de *l'humanité*; il n'y a
« rien au-delà (5). »

« L'homme qui a la vertu de l'humanité désire s'établir
« lui-même, et ensuite établir les autres hommes ; il désire
« connaître les principes des choses et ensuite les faire
« connaître aux autres hommes (6). »

« Si les hommes de capacité et de talent abandonnent ceux
« qui n'en ont pas, alors la distance entre le sage et l'insensé
« ne sera pas de l'épaisseur d'un pouce (7). »

---

(1) MANOU. — *Manava Dharma-Sastra.* — Livre 4, Stance 234.
(2)   —   —   Livre 2, Stance 161.
(3) CONFUCIUS ou KHOUNG-FOU-TSEU. — *Invariabilité dans le milieu*, Ch. xx.
(4) MENG-TSEU, Livre ii, Ch. 1.
(5) CONFUCIUS. — *Entretiens philosophiques.*, Livre i, Ch. 6.
(6)   —   —   Livre i, Ch. 6.
(7) MENG-TSEU, Livre ii, Ch. 2.

Voici maintenant ce qu'on trouve dans la Bible et les Évangiles :

« Pardonnez à votre prochain le mal qu'il vous a fait (1).»

« Aimez-vous les uns les autres (2). »

« La foi qui n'a pas les œuvres est morte (3). »

« La charité est patiente, elle est pleine de bonté ; la charité
« n'est point envieuse, la charité ne se vante point ; elle ne
« s'enfle point ; elle ne fait rien d'inconvenant, elle n'est
« point égoïste, elle ne soupçonne pas le mal, elle ne se
« réjouit pas de la méchanceté, elle se réjouit au contrair
« de la vérité...

« La charité ne passera jamais (4). »

« N'aimons pas de parole ni de langue, mais par œuvre
« et en vérité (5). »

« L'amour qu'on a pour le prochain ne souffre pas qu'on
« lui fasse du mal (6). »

« Que chacun ait égard non à ses propres intérêts, mais à
« ceux des autres (7). »

« Mangez votre pain avec les pauvres et avec ceux qui ont
« faim, et couvrez de vos vêtements ceux qui sont nus (8). »

« Tu aimeras le Seigneur ton Dieu, de tout ton cœu
« toute ton âme et de toute ta pensée. » Voilà le premie

---

(1) *Ecclésiastique*, Ch. xxviii, V. 2.

(2) Saint Jean (*Évangile*), Ch. xiii, V. 34.

(3) *Epître* Saint Jacques, Ch. ii, V. 17.

(4) Saint Paul. — *Première aux Corinthiens*, Ch. xiii.

(5) 1re *Épitre* Saint Jean, Ch. iii, V. 18.

(6) *Epître* Saint Paul *aux Romains*, Ch. xiii, V. 10.

(7)   —   *aux Philippiens*, Ch. ii, V. 4.

(8) Tobie. Ch. iv, V. 16 et 17.

« le plus grand commandement. En voici un second qui
« lui est semblable : « Tu aimeras ton prochain comme toi-
« même. »

« De ces deux commandements dépendent toute la loi et
« les prophètes (1). »

Tels sont les préceptes qui, depuis la plus haute antiquité,
ont révélé aux hommes la grande loi morale qui se résume
en ces mots :

« Respect et amour de la vie humaine. »

L'amour du prochain, l'amour d'autrui était enseigné alors
.ue l'homme, privé des choses les plus nécessaires à l'existence, en proie au plus grand dénûment, aux plus tristes
privations, était par cela même sollicité aux plus violentes
convoitises. Pour arriver à la satisfaction de leurs besoins,
les forts dépouillaient les faibles et les assujettissaient en
qualité d'esclaves aux plus durs labeurs.

Le méchant, ne concevant d'autre amour que celui de sa
propre personne, sacrifiait à son égoïsme l'existence de son
semblable.

" " loi de justice devait donc être révélée aux hommes pour
.aer leurs violences.

dais tant de siècles d'existence n'ont pu donner à ces
?ptes de la sagesse qui vivront autant que l'humanité,
.nsécration définitive en les faisant passer dans les
·tutions sociales.

.i ne faut pourtant pas en conclure que l'homme ne se
t pas avancé vers le bien. Peu à peu la lumière des vérités
"ales a élargi le cercle de sa raison et de son affection ;

---

(1) SAINT MATHIEU, Ch. XXII, V. 37 à 40.

sa brutalité primitive s'est effacée ; la barbarie et ses cruautés, ses violences, ses haines, l'esclavage avec son cortège de douleurs et d'oppressions ont disparu de nos sociétés civilisées ; la loi civile elle-même s'est faite dans une certaine mesure protectrice de la vie humaine.

Malgré cela les préceptes les plus purs inscrits dans les devoirs des peuples sont restés jusqu'ici surtout dans le domaine des vérités de sentiment. S'ils n'ont eu et n'ont encore qu'une influence secondaire sur les sociétés, c'est que ces préceptes ne faisaient qu'indiquer à l'homme le bien et le juste, sans tracer en même temps les moyens d'application du juste et du bien aux faits de la vie sociale.

Limitée à la vie individuelle, la loi morale supérieure est elle-même impuissante à réaliser le bien dans les sociétés : elle contribue à atténuer le mal, mais elle ne peut le faire disparaître. Pour être vraiment salutaire, il faut qu'elle devienne la base des institutions sociales.

CHAPITRE IV

LES VOIES DE LA VIE HUMAINE

Absorbé par la recherche des lois d'ordre matériel capables d'améliorer son existence, l'homme ne voit pas que ces lois sont corrélatives à un progrès supérieur dans la vie et souvent même il est porté à nier qu'il en soit ainsi.

Pour ceux qui se complaisent dans cette opinion, le bien et le mal sont indifférents, ou plutôt il n'y a philosophiquement ni bien ni mal, puisque l'homme de bien et le méchant tombent également dans le néant après la mort.

Mais la justice distributive des lois universelles ne veut pas qu'il en soit ainsi. Non, le misérable qui a employé son existence à torturer les autres hommes ne sera pas après la mort l'égal de celui qui a dévoué toute sa vie au bien des autres.

C'est là ce que je veux expliquer ici pour faire comprendre l'importance des actions et des œuvres dans la vie matérielle, au point de vue du progrès intellectuel et moral des individus et de l'humanité.

La raison, d'accord avec les faits acquis à la science psychologique et la révélation que ces faits apportent confirment aujourd'hui :

Que les œuvres utiles, les intentions qui ont présidé à leur conception trouvent leur glorification dans l'éternité de l'existence et de la vie ;

Que par les lois de justice universelle, d'affinité, d'attraction, l'être se classe dans ses existences successives suivant la valeur des actes qu'il a accomplis, des facultés qu'il a développées en lui, suivant enfin ce qu'il est en état d'accomplir encore pour le bien et le progrès de la vie générale.

L'existence matérielle est donc un des degrés innombrables de la vie, dans lequel la créature doit acquérir les vertus propres à l'élever à un degré supérieur.

Pour qu'il en soit ainsi, il faut que l'homme sache triompher de ses imperfections morales ; il faut qu'à travers les convoitises de sa nature matérielle, il sache s'élever à l'amour du juste, à l'amour de l'équilibre dans la vie générale.

La loi de la vie qui sur la terre fixe la différence entre la créature primitive et l'être régénéré se distingue par ces deux états :

L'Egoïté, vivre pour soi ;

La Fraternité, vivre pour autrui ;

Vivre pour soi est le propre de la brute, c'est la condition de la créature confinée dans les appétits matériels.

Vivre pour autrui, c'est la vertu de l'être s'élevant à l'amour de la vie universelle ; c'est l'esprit se dégageant des imperfections de la matière pour s'identifier aux vertus des régions supérieures de l'existence.

Telle est la différence qui fait que, par ses penchants égoïstes, l'homme est attaché aux tribulations de la vie matérielle, ou que, par ses vertus fraternelles, il se rend digne d'une existence supérieure au sein de la lumière et de la pure substance.

Tant que l'homme est dans l'amour de soi et dans la convoitise des honneurs du monde, il est dans l'égoïté et ne possède ni le sentiment du devoir, ni celui du droit ; il ne connaît ni le bien ni le mal ; ce que le monde condamne, il le condamne ; ce que le monde absout, il l'absout.

Il admet comme mal ce qu'on dit être mal, il considère comme bien ce qu'on dit être bien. Le sentiment du juste lui échappe.

Par conséquent, il fait indifféremment le mal ou le bien, selon que cela lui rapporte honneurs et profits ; car l'homme qui est dans l'amour de soi et dans les convoitises mondaines n'a d'autre règle de conduite que les satisfactions de sa personne.

Quand, au contraire, l'homme s'élève à l'amour des autres hommes et au désir du progrès de la vie humaine, il est dans la Fraternité ; le respect du droit et l'observation du devoir sont la règle de ses actions.

Il sait distinguer et pratiquer le bien ; il sait éloigner et repousser le mal.

Son esprit s'éclairant à la lumière du vrai et son cœur s'inspirant de l'amour du bien, il se donne pour règle de travailler au bien de ses semblables en vue du progrès de la vie humaine, du progrès de la société et de l'humanité. Le sentiment de la justice inspire toutes ses actions, et toutes ses actions ont pour objet le bien des autres hommes.

L'amour de soi et des honneurs du monde pour soi,

L'amour d'autrui et du progrès de la vie dans l'humanité,

Tels sont les deux états qui marquent la séparation entre la voie descendante et la voie ascendante de la vie.

Les hommes aveuglés par l'égoïsme et préoccupés avant tout de leur intérêt personnel n'ont pu saisir toute la portée des préceptes de la sagesse, ni à bien plus forte raison concevoir les institutions civiles et politiques assurant la mise en pratique de ces préceptes et veillant à ce que l'enseignement des sages ne reste pas sans influence sur nos mœurs et nos lois.

Loin d'engager les hommes à s'unir et à s'entr'aider, l'égoïsme les conduit au mépris les uns des autres ; il a pour conséquence des rivalités, des jalousies, des haines mortelles entre les individus et entre les différentes classes de la Société.

C'est à l'orgueil de la domination qui prend sa source dans l'égoïté, que sont dues toutes les usurpations grandes ou petites dont notre pauvre humanité a été et est encore affligée. C'est lui qui, s'emparant des nations modernes, détourne leur attention des questions utiles et les oblige à employer toutes leurs ressources, toutes leurs forces aux travaux improductifs de la guerre, paralysant d'autant l'essor de l'industrie, du travail et du commerce.

Cependant, si la guerre entre nations et les préoccupations qui en dérivent sont une cause d'affaiblissement et de ruine pour les peuples, si elles ont été et sont encore une des grandes causes de misère des classes laborieuses, ce n'est pas néanmoins à elles seules qu'il faut attribuer le malaise universel.

Car dans l'état actuel de nos civilisations la puissance du travail est telle qu'elle triompherait assez vite des embarras de la guerre entre nations.

Mais l'orgueil de la domination est un aussi grand obstacle à la paix intérieure des sociétés qu'à la paix entre les peuples ; il est le principe de toutes les convoitises sociales, comme de toutes les convoitises royales.

Cause de la spoliation des nations entre elles, c'est lui également qui est responsable de la mauvaise répartition des richesses et des fruits du travail dans la Société.

Les principes de la morale supérieure indiquant ce qui est à faire pour nous affranchir du mal, le premier devoir des hommes consiste à chercher les moyens de traduire en actes ces principes.

L'œuvre sociale nécessaire consiste donc aujourd'hui à formuler les institutions en accord avec la véritable morale de l'humanité, c'est-à-dire, avec la loi du progrès de la vie dans l'individu et dans les Sociétés.

L'action isolée et individuelle de chacun ayant toujours été cause de l'antagonisme des intérêts et de la division parmi les hommes, l'individualisme étant le propre des êtres inférieurs et la source de l'égoïsme, il faut recher-

cher si l'homme ne doit pas trouver dans l'union et l'association des forces individuelles et sociales, l'ordre nouveau
qui aurait pour résultat de mettre les intérêts, et, par
conséquent, la conduite de chacun, en accord avec la loi
morale du devoir.

Devant cet état de la question, n'est-il pas urgent de
remonter aux principes du bien et du mal, afin de préciser
avec exactitude quels sont nos devoirs dans la vie, et sur
quelle base doivent reposer nos institutions.

CHAPITRE V

LES LOIS DE LA VIE DANS L'HUMANITÉ

Voyons donc si le Créateur n'a pas inscrit dans l'homme
lui-même la loi vivante qui doit guider ce dernier dans tous
ses actes.

Un fait principal, qui n'est le résultat d'aucune volonté
humaine, qui précède tout enseignement et toute législation,
peut servir à mesurer la valeur des revendications modernes,
comme celle de la pensée des réformateurs religieux et des
philosophes de l'antiquité.

Ce fait capital, c'est la vie.

La vie, c'est la cause première sous son aspect le plus
immédiat, car nous participons à son action, nous sommes
des membres de son activité, des sujets agissant pour elle

comme elle agit pour nous. La vie, c'est l'être vivant en tout et par tout.

J'ai indiqué dans le chapitre précédent que la vie est le circulus universel de l'Être dans lequel chaque activité a deux voies ouvertes devant elle : la voie ascendante et la voie descendante.

La voie descendante est celle du mal.

Dans la vie matérielle comme dans la vie intelligente, elle donne place à la corruption, aux impuretés matérielles et morales composant l'humus et le ferment de la vie.

C'est la vie inférieure ou imparfaite qui doit se régénérer pour être digne ou capable d'une vie meilleure.

Chez l'homme, c'est l'égoïté avec tout son cortège d'artifices, d'hypocrisie, d'envie, de haine, de convoitise, de despotisme, etc. C'est le ferment qui se traduit sans cesse en actions nuisibles à la vie humaine parce qu'elles portent atteinte à sa liberté et à son progrès.

La voie ascendante est au contraire celle du bien.

C'est celle du progrès, de la perfection et de la fructification de la vie. Chez l'homme, cette fructification se traduit par les œuvres utiles à la vie humaine, et ces œuvres sont inspirées par la fraternité, l'amour du prochain, l'amour social, l'amour de l'humanité.

La vie progressive, c'est l'homme ouvrant à la matière par le travail, les voies de l'activité ;

C'est l'action du père et de la mère se dévouant au soin de leurs enfants, afin d'en faire des citoyens utiles, capables de bien accomplir tous leurs devoirs dans la vie ;

C'est le jeune homme et la jeune fille, espérance de la société future, se développant sous l'influence et la protection d'institutions sociales et politiques qui élèvent sans cesse le niveau des sociétés et font de tous les enfants du peuple de nobles citoyens et des serviteurs dévoués à la patrie ;

C'est l'ouvrier des champs, de l'atelier, de la fabrique ; c'est l'artiste, le savant, le travailleur de la pensée ; c'est enfin l'homme du labeur, assurant à l'existence humaine ses jouissances, ses avantages, ses moyens de grandir, de prospérer et d'être !

C'est l'humanité se perfectionnant par l'action de tous ses membres, pour la gloire de la vie ;

C'est la terre elle-même et tous les mondes de l'espace ;

C'est l'espace, c'est l'infini plus vivant à son tour que tout ce que nous pouvons comprendre.

— La vie, c'est Dieu sensible, visible et agissant.

Voilà pourquoi nous sommes, dans la vie, les serviteurs de la vie elle-même, ce qui veut dire les serviteurs de Dieu.

Voilà pourquoi, dans l'œuvre de la vie, tous les hommes sont solidaires dans le bien comme dans le mal.

Envisagée ainsi, la vie est le côté sensible du principe universel par lequel nous pouvons toucher et comprendre la loi morale de l'univers, de l'humanité et de l'individu.

Tout homme est doué par la vie même des facultés propres à l'exercice de la vie sur la terre. Ce premier fait constitue pour l'individu des droits inaliénables dérivant de la vie elle-même.

La créature humaine reçoit la vie pour vivre, pour accomplir sa tâche dans la vie.

Vivre est son premier droit; vivre est son premier devoir; et vivre selon son droit et son devoir, c'est vivre selon la justice.

Les lois primordiales de la vie qui s'imposent à l'individu, à la société et à l'humanité, sont :

La loi de conservation de la vie humaine ;

La loi de développement et de progrès de la vie humaine;

La loi d'équilibre et d'ord. · de la vie humaine.

La loi de conservation impose à l'être humain le soin de sa propre existence et à la société le soin de l'existence de tous.

Elle constitue pour chacun le droit à ce que la vie lui rend nécessaire, et le devoir d'en faire un juste usage.

Pour obéir à la loi de développement, l'individu doit exercer ses facultés physiques, cultiver ses facultés intellectuelles et morales, enfin travailler à la perfection de son être, afin de pouvoir aider par lui-même au progrès de tout ce qui l'entoure.

La société, de son côté, a pour devoir de permettre à toutes les personnes l'accomplissement de cette loi en mettant à leur usage ce qui est nécessaire au progrès de l'espèce.

La loi d'équilibre prescrit à l'être humain d'user avec mesure des présents de la vie, et à la société de répartir ces présents avec ordre et justice. Elle appelle les hommes à la pratique du bien et du vrai dans toutes leurs actions, au respect des droits de chacun, à la pratique du devoir envers tous, enfin à l'observation de la justice dans l'humanité.

CHAPITRE VI

LE BIEN ET LE MAL SOCIAL

L'étude des lois primordiales de la vie éclaire d'un jour nouveau les préceptes de la morale universelle ; elle en précise le sens et nous montre comment cette morale peut recevoir son application dans tous les actes de la société. Car ces deux voies :

Être utile à la vie humaine.

Ou être nuisible à la vie humaine,

sont les seules placées devant nous, et constituent la loi du bien et du mal.

Pour l homme, le bien c'est tout ce qui est en accord avec la vie humaine ;

Le mal, c'est tout ce qui est contraire à la vie humaine.

Être utile à la vie humaine, c'est travailler, par les moyens que la nature nous offre, à répandre les choses nécessaires au bien-être de l'individu et de l'espèce, et à faciliter l'essor des facultés et la satisfaction des besoins de tous.

Être nuisible à la vie humaine, c'est sacrifier à l'égoïté d'un petit nombre ce qui peut contribuer au bonheur d'un plus grand ; c'est retenir au profit d'un seul ce qui pourrait servir à la libre expansion des facultés et à la satisfaction des besoins de plusieurs.

La loi morale ainsi comprise nous découvre le véritable champ d'action de la pratique du bien dans la société moderne.

On conçoit qu'il ne suffit plus de pratiquer la bienfaisance individuelle pour que la loi morale de l'humanité soit réellement appliquée.

La loi morale du dévouement à l'existence humaine exige des œuvres plus accomplies ; elle doit déterminer la fondation d'institutions durables étendant leurs bienfaits au grand nombre de ceux qui manquent du nécessaire ; la bienfaisance doit devenir sociale ; c'est seulement ainsi qu'elle sera vraiment pratiquée.

Mais pour que ce but soit atteint, il ne faut plus attendre de la seule condescendance de ceux qui possèdent la richesse le remède à la misère ; il faut que tous les membres de la société interviennent dans l'organisation de la mutualité sociale.

En outre, si la société doit se hâter de mettre un terme aux misères du prolétariat, si elle est intéressée à organiser la mutualité sociale de façon à ne pas laisser plus longtemps en oubli les droits de l'existence humaine, il n'est pas moins important de faire appel à l'esprit d'équité et de justice à l'égard du travail.

La loi morale qui dérive du respect et de l'amour dus à la vie humaine, nous démontre que le travail est la vertu première de l'homme et la seule voie efficace qui conduise à la régénération.

Ne voyons-nous pas, en effet, que tout ce qui est nécessaire à la vie humaine, que tout ce qui est progrès pour l'existence humaine, exige l'intervention du travail.

Le travail est donc la première des vertus morales par

lesquelles l'homme obéit aux lois de conservation, de développement et d'équilibre de la vie.

A ce titre, le travail a droit à des égards que l'équité sociale ne peut laisser méconnaitre plus longtemps.

———

CHAPITRE VII

———

LE DROIT NATUREL ET LA MUTUALITÉ SOCIALE

En donnant la vie à l'homme, le Créateur a placé sur la terre les ressources nécessaires à son existence. Le sol, les fruits qu'il porte, les animaux dont il est couvert, sont un fonds commun, où chacun, dans l'état primitif, trouve ses moyens d'existence et sur lequel aucun privilège n'est établi.

Chacun peut ramasser la pierre qu'il trouve propre à faire un tranchant, couper la branche dont il se fera un arc, cueillir la grappe mûre et tuer l'animal pour satisfaire son appétit. Les bêtes des plaines et des bois, les poissons des rivières et des étangs, des lacs et des mers, enfin tout le travail du Créateur et celui de la nature restent le fonds commun sur lequel les générations qui se succèdent conservent le droit d'exercer leur activité et de pourvoir à leurs besoins.

Tel est le droit naturel primordial correspondant aux

besoins de l'existence, droit que la nature a placé en face de l'homme pour lui permettre d'accomplir sa destinée.

Vivre, se conserver, est le premier devoir imposé à la créature.

Le devoir de vivre confirme le droit à la vie et, par conséquent, à l'accès aux choses nécessaires à la subsistance.

Il entre tellement dans les fins de la nature qu'il en soit ainsi, qu'elle en fait à chacun une obligation, en lui créant des besoins auxquels il doit satisfaire.

C'est donc en violation du droit naturel parmi eux que les hommes se sont enlevés les uns aux autres l'usage du fonds commun de la nature, sans le remplacer par de justes compensations.

Ils ont ainsi entravé le libre exercice de l'activité par laquelle chacun doit pourvoir à ses besoins.

Cette atteinte portée au droit naturel est un fait dû à l'égoïsme des hommes. La force s'imposant à la faiblesse a fait servir celle-ci à ses convoitises. Le fort a pu paraître s'obliger à entretenir le faible en échange des services qu'il tirait de ce dernier; mais il a toujours conservé la plus forte part des fruits du labeur de son prétendu obligé, et le droit du faible à tout le produit de son activité, à tout le produit de son travail a disparu.

Tel est l'abus qui s'est perpétué d'âge en âge par ignorance ou par mépris de la justice. Cet abus, il faut le faire disparaître. Il faut que les déshérités de ce monde trouvent l'équivalent de leurs droits naturels dans la prévoyance sociale, ou plutôt dans les institutions que celle-ci fera naître.

C'est aujourd'hui la production générale qui est débitrice

à l'égard des faibles ; c'est la création incessante de la richesse par le travail, qui doit aujourd'hui remplir le rôle protecteur de la nature à l'égard de tous ceux auxquels le champ de celle-ci est fermé.

La nature ne cesse pas de mettre son activité profitable au service de l'homme, parce que la plaine et la forét vierges ont disparu. Au contraire, c'est encore elle et toujours elle qui nous gratifie le la plus forte part des biens dont nous jouissons, et c'est en vertu de ses dons gratuits que le droit naturel de chacun subsiste et subsistera.

L'homme n'est que l'ouvrier de la nature pour le progrès de la vie sur la terre ; il n'intervient que pour une bien faible part dans le travail immense que les forces naturelles accomplissent chaque jour, pour donner à tous les hommes les biens qui leur sont nécessaires ; et si un seul instant cette protection lui était retirée, l'humanité périrait. Il y a donc, à côté des produits du travail de l'homme, les produits du fonds commun.

L'action de la nature est antérieure à celle de l'homme et elle nous suit dans tous nos travaux.

Nul individu ne peut prétendre être le premier principe des choses sur lesquelles son activité s'exerce ; avant lui la nature en a créé les éléments ; avant son action, une action première était accomplie ; mais en outre l'homme ne peut rien faire de nouveau sans le concours de la nature.

L'homme n'a créé ni la terre, ni l'eau, ni l'air, ni la lumière ; il n'a pas fait davantage les matériaux du sol, ni ceux de la mine ; la matière enfin, n'est pas son œuvre ; la nature a créé toutes ces choses pour exercer l'activité de l'homme et pour satisfaire aux besoins de l'espèce.

L'ouvrier fond les minéraux, les étire, les allonge, en fait des instruments de travail, des machines ; mais il accomplit ces travaux à l'aide des ressources que la nature tient en réserve ; il lui emprunte les matériaux, l'air et le feu ; sans cette assistance de la nature, l'homme ne pourrait rien faire.

Le laboureur sème et récolte la graine ; mais cette graine ce n'est pas lui qui l'a faite et si le travail de la nature ne venait faire fructifier le champ, qu'en obtiendrait-il ?

La nature accorde à l'homme la faculté de disposer des biens qu'elle prépare pour lui ; mais elle ne donne et ne confère à personne, par aucun signe particulier, le privilège d'accaparer ces biens. De l'assistance qu'elle accorde, elle fait un droit pour tous les hommes à une part du produit qui en résulte ; en conséquence, le domaine naturel est inaliénable.

Son aliénation n'a lieu qu'en violation du droit naturel, violation malgré laquelle tous les hommes conservent de génération en génération leur droit imprescriptible au fonds commun de la nature.

La société ne peut avec justice faire obstacle à ce droit ; elle ne peut en modifier l'usage qu'en donnant à l'individu des droits sociaux supérieurs à ceux qu'il tient de la nature, c'est-à-dire en convertissant le droit individuel aux produits naturels en un droit sociétaire dans les produits du travail.

Jusqu'à ce que des hommes aient imposé à leurs semblables des restrictions et des règles sociales plus ou moins conformes aux intentions de la loi naturelle, chaque individu trouve, dans son droit au fonds commun de la nature, la part nécessaire à ses besoins.

Jusque-là, la nature a fait tous les frais, c'est à elle seule que l'homme doit les premières ressources dont il dispose ; le droit de propriété se réduit, pour chaque individu, à la possession de lui-même et de ce qu'il s'assimile pour satisfaire à ses besoins.

Mais l'homme a pour mission d'approprier la matière à son usage, de la transformer et d'ajouter au travail de la nature son propre travail : là commence le droit de propriété individuelle.

Ce que l'homme ajoute au travail de la nature lui appartient en propre : c'est l'œuvre qui le grandit dans la vie ; le fruit de son travail est le rayonnement de lui-même : c'est une extension de son être.

Mais l'homme ne peut faire acte de propriété sur son travail sans se trouver obligé vis-à-vis de ses semblables. La propriété lui impose des devoirs, puisque l'aliénation de la matière, au profit de l'individu, se ferait au préjudice du droit de tous, si l'appropriation individuelle n'entraînait le devoir d'une compensation au profit de ceux que cette appropriation prive de l'exercice de leur droit de participer au fonds commun et à ses fruits naturels.

Investi du besoin de la possession, l homme n'a pas distingué entre son travail et l'œuvre de la nature à laquelle ce travail a été appliqué. Pour conserver la propriété de son travail, il s'est approprié en même temps les fruits naturels et le fonds commun qui n'appartiennent qu'à l'humanité.

Et l'homme ayant méconnu les véritables principes du droit, les sociétés en ont méconnu l'usage ; elles se sont dessaisies de toute action sur la richesse, parce que l'activité humaine l'avait rendue individuelle.

Les lois de progrès ne peuvent permettre aux sociétés de

perpétuer indéfiniment cette erreur sociale ; . droit de propriété issu du travail de l'homme, ainsi que la plus-value qu'il a su donner aux choses, doivent être distingués de ce qui provient du fonds naturel sur lequel chaque être humain conserve sa part de droit.

Si, comme j'ai cherché à le démontrer, le droit de vivre est inhérent à la vie même et a pour base l'effort incessant de la nature créant et produisant en vue de l'humanité entière, le devoir social apparaît : la société doit pourvoir aux besoins des faibles, en créant les institutions générales de mutuelle protection qui garantiront les familles laborieuses contre la privation du nécessaire.

Les Statuts de l'Association du Familistère, contenus dans ce volume, assument donc, sur ce point, des charges qui appartiennent pour une forte part à l'État.

C'est, en effet, la société elle-même qui a mission de protéger ses membres, et si elle ne l'a fait et compris que d'une façon imparfaite jusqu'à ce jour, elle doit avec le temps arriver à compléter son œuvre.

Elle a déjà reconnu que l'instruction publique est un devoir social qui, s'il incombe à la famille, est aussi placé sous la protection de la commune, du département et de l'Etat.

Le sentiment public va même jusqu'à penser aujourd'hui que l'instruction doit être gratuite et obligatoire. Bientôt on s'apercevra que si la nourriture de l'esprit est un devoir social, la nourriture du corps n'en est pas un moins impérieux.

Comment, en effet, pourrait-on rendre l'école obligatoire pour ceux qui attendent de l'aumône leurs moyens de subsistance et qui ne peuvent les trouver qu'en recourant à la mendicité ?

Le droit au nécessaire s'inscrit donc au-dessus de l'instruction gratuite et obligatoire.

On voit de suite que la mutualité sociale et nationale est la première chose à organiser lorsqu'on voudra aborder la solution du grand problème que chaque humanité doit résoudre pour donner à tous ses membres la place au soleil à laquelle ils ont droit.

Tout en admettant que les individus et les intérêts doivent s'associer librement, il faut reconnaître que l'Etat est seul en position d'établir la mutualité sociale sur des bases suffisantes pour garantir et assurer la vie humaine contre la misère et le dénûment.

Il ne faut pas examiner bien longuement l'état actuel de l'organisation de la commune pour voir à quel degré d'insuffisance se trouve la bienfaisance publique.

Il est humiliant pour la civilisation de voir à quel abandon sont livrées les classes pauvres au sein des campagnes et même au sein des villes.

Si j'examine dans ce volume ce qui est à faire au point de vue des rapports industriels entre patrons et ouvriers, il me paraît indispensable de poser comme prémisses la nécessité de l'intervention de l'Etat pour donner aux classes laborieuses des garanties générales contre la misère et les privations.

Mais par quel moyen, dira-t-on?

Je vais, pour répondre à cette question, esquisser les données générales qui me semblent devoir présider à cette création.

CHAPITRE VIII

ORGANISATION DE LA MUTUALITÉ

Les garanties assurant à tous les membres de la famille humaine le nécessaire à l'existence dans le cas d'incapacité de travail et de besoin, sont les premières à établir en faveur des classes laborieuses.

Par cette mesure d'équité, la société, mettant au service de ceux qui en ont besoin une part des biens que la nature donne chaque jour à l'homme, restituera aux faibles l'équivalence de leur droit naturel.

C'est un acte de justice que doit remplir la société, et ce n'est pas trop lui demander ; car, si elle a été jusqu'ici surtout puissante dans le mal par les œuvres de la guerre, elle ne doit pas l'être moins à l'avenir, dans le bien, par les œuvres de la paix.

Dans une société où règne l'amour du bien et de la justice, la richesse doit servir à autre chose qu'à un luxe et à des jouissances excessives pour les uns, lorsque les autres sont dans la plus complète misère ; elle doit faire la part des garanties nécessaires pour assurer aux malheureux l'exercice du droit à la vie. C'est sur la richesse créée qu'il est juste de prélever ce que la prévoyance sociale doit mettre en réserve pour assurer à chacun l'indispensable à l'existence, à l'éducation et à l'instruction.

Dans l'ordre des satisfactions à donner aux besoins ci dessus indiqués rentrent les pensions aux invalides du travail,le minimum nécessaire à l'existence de ceux qui sont momentanément privés de toute ressource, l'instruction gratuite à tous les degrés pour le développement de toutes les aptitudes. Ce sont là des charges qui incombent à la société entière.

L'assurance ayant pour objet d'accorder l'équivalence des droits naturels à chacun, c'est-à-dire le minimum indispensable à l'existence en cas d'abandon, d'infirmités ou de vieillesse, est nécessairement du domaine de l'Etat.

A côté de ce devoir social, la prévoyance, la mutualité nationale doit aussi, sous la protection de la loi, s'organiser au sein des classes laborieuses pour assurer le nécessaire au travailleur en cas d'accidents, de maladie et de chômage ; mais ici il y a lieu d'amettre simultanément le concours de l'Etat et la contribution directe de chacun en proportion des ressources qu'il tire de son travail.

Les ressources une fois trouvées, il faut en assurer l'administration et la distribution avec équité et justice. Pour atteindre ce but, c'est dans la commune, c'est dans la classe laborieuse qu'il faut prendre les éléments de direction.

C'est à des comités de chaque sexe qu'il faut confier le soin d'administrer le fonds d'assurance propre aux hommes ou aux femmes. Le bon fonctionnement du service en dépend.

La visite des malades et la bonne application des fonds exigent que les deux sexes aient des administrations séparées.

Les comités doivent être composés de membres actifs chargés à tour de rôle de se rendre compte de la situation des familles, de visiter les malades, de signer les bulletins de secours, etc.

Le membre du comité reçoit sur les fonds de l'assurance pour le temps qu'il consacre à la gestion des intérêts communs, une rétribution équivalente à celle que lui donnerait son travail accoutumé.

Cette condition est indispensable pour assurer le bien du service. Toute peine mérite salaire, et ce n'est pas lorsque l'acte a pour objet d'être directement utile aux autres qu'une rémunération doit être refusée.

Peut-être s'étonnera-t-on de ne pas voir mentionner ici les Membres honoraires et les Dames patronnesses ; mais l'œuvre de la mutualité sociale ne doit revêtir aucun des caractères humiliants de l'aumône; elle doit, au contraire, élever le travailleur en dignité ; car il ne faut pas perdre de vue que c'est au nom du droit naturel de tous les hommes que la mutualité doit être fondée.

Non pas que je veuille dire que les personnes riches et aisées doivent être tenues à l'écart; loin de là : mais il est indispensable que les ouvriers eux-mêmes appellent à la direction des assurances mutuelles les personnes qui s'identifient à leurs besoins. En conséquence, c'est par des Comités élus que les assurances doivent être administrées.

Je ne puis donner ici plus au long les détails d'organisation de la mutualité dans la commune, mais le lecteur trouvera dans le présent volume (deuxième partie, Assurances mutuelles de l'Association) l'énumération des besoins de différente nature auxquels il s'agit de répondre, le mode de distribution des ressources, les mesures d'ordre consacrées par trente années d'expérience.

Ce spécimen d'organisation mutuelle établit que 4 °/₀

du montant des salaires et émoluments suffiraient à
l'organisation des garanties réclamées par la loi de fraternité.

Ces 4 % seraient à prélever sur la production générale
pour constituer dans l'établissement industriel, la commune
et l'Etat, au profit de chacun des citoyens, l'assurance du
nécessaire dans tous les besoins de la vie.

Dès que la mesure serait générale, les mêmes charges
pèseraient sur les produits similaires, l'équilibre serait
maintenu sur la production, et une réserve sociale de
nature à faire face à tous les besoins serait constituée.

Déjà, dans un certain nombre d'établissements d'industrie, les ouvriers laissent 2 % de leurs salaires.

Il est vrai que les assurances disposant de ces ressources
ne fonctionnent que d'une manière fort incomplète, les
secours momentanés qu'elles accordent sont hors de proportion avec les besoins que le développement industriel fait
naître. Aussi de plus en plus reconnait-on la nécessité de
donner à ces germes d'institution une vitalité nouvelle.

Mais dès qu'il s'agit d'élever la mutualité à la hauteur
d'une institution communale et nationale, ce n'est plus
seulement l'ouvrier et la fabrique qui sont appelés à contribuer, c'est l'ensemble des citoyens ; chacun peut intervenir
suivant ses revenus : le champ de la fraternité est ouvert à
tout le monde.

Il faudrait donc pour constituer l'œuvre de la mutualité
nationale d'importantes ressources.

Q'on ne vienne pas dire que ces ressources soient impossibles à trouver, car les nations ont aujourd'hui suffisamment
de puissance productive et de richesses acquises pour
réaliser facilement les réformes dont il s'agit.

Si l'on se rend compte, par exemple, qu'une Association de mille personnes dépense annuellement, pour garantir à chacun de ses membres nécessiteux les ressources indispensables à l'existence, une somme de 40,000 francs ; si l'on estime que l'assistance mutuelle nationale en France doit s'étendre d'abord à toutes les personnes salariées ou vivant du seul produit de leur travail, et si l'on évalue ce nombre à vingt millions, ce sera donc à 20,000 fois quarante mille francs ou à huit cents millions que devra s'élever la somme des recettes du budget de la mutualité nationale, pour que son fonctionnement solidaire soit établi.

Or, la seule guerre de Prusse a englouti, pour la France, une somme dont le revenu est double de ce qu'il faudrait pour assurer à perpétuité au peuple français les bienfaits de la mutualité sur les bases que je propose. La France paie annuellement, par le fait de cette malheureuse guerre, un revenu qui suffirait pour anéantir à tout jamais le paupérisme et faire disparaître la misère.

Toutes ces charges se paient maintenant en pure perte au lieu de servir à améliorer le sort du peuple.

Pourquoi donc n'aurions-nous pas à l'avenir la sagesse de consacrer à la conciliation sociale, au triomphe de la paix publique, ce que nous dépensons si facilement pour la guerre ?

Une fois sur ce terrain, les ressources abonderont ; par exemple, on reconnaîtra sans peine que ceux qui meurent sans héritiers, n'en ont pas de plus légitimes que les enfants du travail et du labeur.

A ce titre les assurances nationales deviendront les héritières naturelles de ces biens. Si l'on admet, en outre, que dans tout héritage il y a la part de l'homme et la part de c'est-à-dire celle de la Fraternité, on reconnaitra qu'il y aurait justice à faire intervenir la Société, au nom des deshérités de la fortune, dans les biens que l'homme abandonne à sa mort, sans avoir su le plus souvent comment il aurait pu en faire bon usage.

Par de semblables mesures l'État sera vite en possession des ressources nécessaires pour assurer le fonctionnement des institutions de prévoyance mutuelle.

CHAPITRE IX

LA MUTUALITÉ AU FAMILISTÈRE

L'Association du Familistère de Guise satisfait au droit naturel en assurant aux faibles le nécessaire à l'existence.

En attendant que la société donne elle-même cette garantie à tous les citoyens, l'Association du Familistère assure une retraite à la vieillesse de ses travailleurs et le nécessaire aux familles qui tombent dans le besoin.

C'est l'objet de son Assurance des pensions et du nécessaire à la subsistance.

Les fonds de cette Assurance sont portés aux frais généraux de la Société.

Les membres de l'Association sont, en outre, garantis contre le besoin en cas de maladie ou d'accident, par une Assurance spéciale alimentée par une subvention directe de l'Association et par les cotisations de tous les travailleurs.

Ces deux assurances sont administrées par des Comités spéciaux. Peut-être se demandera-t-on pourquoi cette administration distincte dans une Société qui étend sa sollicitude sur tous les besoins de la vie de ses membres.

Je dois d'abord faire remarquer que, dans la pratique, il y a à tenir compte des faits existants, du milieu où l'on agit et des transitions à ménager pour passer du présent à l'avenir. Dans le progrès social, il n'y a pas que des faits matériels à réaliser, il y a aussi des hommes à préparer.

J'ai donc dû m'inspirer, pour l'adaptation des Assurances à l'Association, des trente années de leur existence et de leur bon fonctionnement.

Un autre motif a contribué également à me faire maintenir cet état de choses.

L'Association des travailleurs et la participation de l'ouvrier aux bénéfices de l'industrie peuvent encore être pendant longtemps un fait d'expérimentation locale, mais il n'en sera pas de même de l'organisation de la mutualité nationale. Le besoin en sera plus vite compris et les circonstances en rendront l'application vite nécessaire.

Il était donc intéressant d'indiquer la solution de ce problème en dehors de l'Association intégrale elle-même.

Il est d'un véritable intérêt public que la mutualité, ce besoin pressant de pacification sociale, soit organisée d'une manière générale pour remédier à la misère. Pour que cette organisation porte ses fruits, il faut qu'elle se fasse par l'intervention des classes laborieuses elles-mêmes ; il faut intéresser directement la masse du peuple à la bonne gestion de la mutualité ; multiplier entre les individus des intérêts communs et fraternels ; il faut enfin donner au mutualiste le sentiment direct de son droit aux ressources mutuelles et de son devoir de veiller à leur bonne gestion.

Tels sont les motifs pour lesquelles les Assurances mutuelles de la Société du Familistère sont administrées d'une façon distincte de l'Association et pour lesquels, excepté en ce qui concerne l'Assurance des pensions et du nécessaire, la cotisation de toutes les familles de l'Association est exigée.

Des Assurances organisées de façon à tout donner aux individus, sans que ceux-ci aient à s'en préoccuper, les laisseraient insouciants de la bonne marche et du bon fonctionnement de l'institution. Le progrès moral exige, au contraire, que l'individu s'occuppe activement de lui-même et de ses semblables.

L'homme s'attache aux choses qui sollicitent son intérêt et son attention. La mutualité, par l'apport individuel périodiquement renouvelé, tient le mutualiste en éveil et l'habitue à penser aux autres en même temps qu'à lui.

Ces apports sont des actes qui engagent les individus dans la voie de la fraternité ; rien n'est plus propre à leur démontrer que c'est dans l'union et l'Association des forces, des ressources et des hommes que se trouveront la perfection et le bonheur social.

La mutualité a pour effet de multiplier les rapports entre les individus, de développer dans leur esprit l'idée des avantages qui résultent de l'union des concours et de la réciprocité dans la pratique du bien.

Si l'immense avantage de l'association est difficilement saisi par la plupart des hommes, s'ils ne peuvent en comprendre ni le mécanisme ni la portée, beaucoup peuvent être frappés des bienfaits immédiats d'une assurance de protection mutuelle dans laquelle chacun intervient pour une part déterminée. La mutualité, maintenue dans l'Association même, a donc ce mérite de préparer les esprits à comprendre les avantages de l'Association.

Si cette interprétation du devoir social doit avoir pour conséquence certaine l'atténuation des causes de revendication des classes laborieuses, si la société, par une telle mesure, peut, à n'en pas douter, effacer la plupart des embarras qu'elle voit devant elle, il est pourtant vrai que cela ne correspondrait pas entièrement aux aspirations confuses des classes ouvrières ; aspirations qui comprennent non seulement le droit à l'existence, mais aussi pour chacun le droit à la jouissance des fruits de son travail.

Indépendamment de la part de production due à l'intervention de la nature, il y a donc à tenir compte de celle directement due au travail humain dans les bénéfices de la production. Aussi, concurremment avec l'organisation de la mutualité sociale, la participation apparaît-elle aux ouvriers comme un principe de justice à appliquer dans la répartition des bénéfices.

CHAPITRE X

LE TRAVAIL

C'est à l'action exceptionnelle que l'homme exerce sur la matière, à la surface du globe, qu'il doit sa supériorité. C'est le travail qui l'élève au-dessus de tous les êtres de la terre.

L'homme n'est pas seulement appelé à la Vie comme les autres créatures pour élaborer la matière par l'alimentation et la nutrition, mais il lui est donné l'intelligence pour travailler aux progrès de la substance matérielle sous toutes ses formes. C'est par le travail qu'il devient le coopérateur direct de la nature dans l'œuvre de la vie sur la terre ; aussi le Créateur, afin d'empêcher l'homme de faillir à sa mission, lui a-t-il donné des besoins solidaires du travail.

Tant que l'homme ne peut s'élever à la notion de l'étendue des devoirs et de la responsabilité qui pèsent sur lui, il ne peut comprendre ce qu'est le travail qu'il doit accomplir sur la terre, et il est impuissant à comprendre les droits qui en dérivent. Aussi s'est-il rendu coupable de blasphème en avilissant le travail, et en le considérant comme une peine et un châtiment.

Il n'est pas, au contraire, de travail si infime qu'il paraisse, qui ne soit supérieur à l'oisiveté la plus entourée d'honneurs ; une journée de travail bien remplie vaut mieux que toute une existence inactive.

Mais les phases diverses du travail sont bien loin de revêtir à leur origine la sainte apparence du but divin qui leur est assigné. Le travail est le moyen par lequel l'humanité s'élève, mais c'est lentement et péniblement que cette dernière acquiert les connaissances par lesquelles chaque progrès se réalise, et les vertus sublimes du travail, à peine comprises aujourd'hui, n'ont été nullement pressenties au début des Sociétés.

Car l'assujettissement de l'homme à la matière, tant qu'il n'a pu se faire aider des forces de la nature, l'empêche de voir, pendant bien longtemps, tout ce qu'il doit espérer en se plaçant sous leur protection par le travail intelligent.

Si le travail est difficile sur la terre, s'il est encore le plus souvent accompagné de la pauvreté pour celui qui l'exerce, cela est dû surtout à l'ignorance de l'homme et à son oubli de la justice.

Les difficultés qui restent à vaincre sont, aux yeux de la raison, une œuvre de dévouement que l'homme doit à la vie, plutôt qu'un châtiment infligé à sa nature.

Le travail cessera d'être un fardeau, et il aura l'attrait de l'accomplissement d'un devoir, du jour où l'homme aura compris que le travail est une mission divine dévolue à la créature humaine, pour son avancement dans la vie infinie.

Et le travail ne sera plus un simple moyen de satisfaire aux besoins des sens, il sera le champ du grand concert des intelligences, des cœurs et des âmes pour la conquête de la liberté, de la fraternité et de la justice sur la terre.

Alors l'activité de l'homme produira les moyens de participer dignement aux bienfaits de la vie, et l'abondance effacera rapidement les traces du mal et des iniquités du passé.

Déjà, ce qu'on peut constater aisément, c'est la quantité prodigieuse d'objets produits par l'industrie.

Mais le progrès industriel a marché plus vite que le progrès moral, puisque le travail qui enfante les produits ne trouve pas ses satisfactions, et que l'accroissement de la richesse n'a pu empêcher les classes laborieuses de manquer du nécessaire.

Le travail continue à créer la richesse, et le travailleur est privé des avantages et des biens que la richesse procure.

Le travail produit tout ce qui contribue à rendre la vie agréable et la vie du travailleur reste entourée de dégoûts.

Le travail continue sa tâche de fatigue et de peine, et le travailleur ne peut jouir des douceurs du repos.

Le travail augmente de plus en plus ses forces productives en les concentrant, et le travailleur est isolé dans la misère.

Le travail crée les édifices grandioses des fabriques et les merveilles de l'usine, mais l'habitation du travailleur reste dans les conditions élémentaires des premiers âges ; ce n'était, et ce n'est encore, qu'un réduit privé de tout ce que l'art, l'architecture et la science ont imaginé pour rendre l'habitation agréable, et, souvent, ce logement suffit à peine pour y entasser la famille.

Le travail, enfin, plus que jamais, fait appel au concours de la science, et l'éducation comme l'instruction du peuple restent placées au dernier rang de nos institutions publiques.

L'ordre de choses établi livre la richesse produite au cumul du capital sans que le travail ait rien à y voir.

Et cependant qui ne reconnaît que le capital sans le travail serait stérile ?

Ces réflexions peuvent se présenter à l'esprit de tout

homme intelligent ayant l'amour du juste, mais on conçoit qu'elles se présentent surtout à la pensée de ceux qui sont exclus du partage de la richesse sortie de leurs mains; cette question d'équité, faute de recevoir les solutions qu'elle réclame, constitue le plus réel des dangers de la Société présente.

Car cette anarchie industrielle est en grande partie cause des crises périodiques du travail et des affaires.

Les résultats du travail doivent assurer à tout être humain la complète expansion de son activité, afin que chacun puisse faire profiter la vie générale de son action productive.

Mais pour qu'il en soit ainsi, pour que l'activité intelligente se multiplie, il faut d'abord que le travail profite à celui qui le fait.

Il faut ensuite que les ressources soient suffisantes pour que la santé et le bien-être existent dans toutes les familles.

C'est seulement lorsqu'il en sera ainsi que les activités humaines se manifesteront dans la plénitude de leurs facultés.

Il faut donc remédier au mal dont souffre les Sociétes, en établissant l'ordre dans la production et la répartition des richesses.

CHAPITRE XI

DROIT DE PARTICIPATION DU TRAVAIL

Le travail n'a pas de législation propre. Accompli par les faibles, il est sous la domination des forts ; aucun principe protecteur n'est encore admis à son égard. La Révolution française a bien donné aux citoyens l'égalité devant la loi ; mais la loi n'a pas encore été faite égale pour tous.

En effet, la loi garantit la propriété, elle en assure la possession, elle en protège les ressources ; mais rien d'analogue n'est fait pour le travail.

La propriété et le capital sont un moyen d'existence, une source de revenus auxquels nul ne peut arbitrairement porter atteinte. Le revenu de la terre est garanti par le fermier ; celui des valeurs mobilières, par des titres.

Dès que le fermage est accepté, que l'intérêt est consenti, que la rente est établie, les propriétaires n'ont pas à redouter que quelqu'un vienne arbitrairement, et sans leur consentement, changer leurs revenus. Pour que des modifications de ce genre soient valables, il faut qu'elles aient été consenties par les possesseurs du capital.

Et il est juste qu'il en soit ainsi ; car la propriété ou le capital est un des instruments nécessaires à la production ; il est un des facteurs indispensables à la création des ressources nécessaires à la vie ; il est donc juste qu'il lui soit assuré une part dans ces ressources.

Mais le travail est-il moins utile que le capital ? son intervention dans la production est-elle moins nécessaire ?

N'est-il pas évident, au contraire, que dans la production c'est le travail qui remplit le rôle actif, tandis que le capital n'a qu'un rôle passif ?

Le capital n'est qu'un travail déjà fait et mis en réserve ; le travail, au contraire, c'est l'activité de l'homme, la force et l'intelligence agissantes, créant et enfantant le capital lui-même. Le capital, lui, ne saurait enfanter le travail ; il n'est que son auxiliaire obéissant.

Malgré cela, le travail est bien éloigné de trouver dans la loi les protections dont le capital est entouré ; et c'est là une énorme lacune, si ce n'est une énorme injustice ; il faut la faire disparaître.

Le travail a droit à des garanties ; il faut les lui donner. Elles lui sont dues au nom de la morale qui nous prescrit d'accorder aux autres ce que nous désirons pour nous-mêmes ; elles lui sont dues au nom de l'intérêt que nous devons porter à la vie humaine dans la persoune de nos frères ; elles lui sont dues, car la justice nous montre qu'accorder ces garanties nécessaires, c'est remplir un devoir social.

Travail et capital sont indispensables à la production des richesses ; il serait donc juste qu'ils participassent l'un et l'autre aux bénéfices de la production ; il n'en est rien cependant ; l'une des parties jouit à elle seule des résultats obtenus ; le capital absorbe tout.

Les parties intervenantes ne sont pas sous une loi commune ; l'une d'elles manque d'un intérêt direct aux résultats définitifs.

C'est pourquoi, si le capital intéressé aux bénéfices est soigneux des opérations, on voit le plus souvent le travail y apporter la plus complète indifférence, quand il n'y est pas hostile.

Ce sont là des résultats dus aux erreurs dans lesquelles est encore le monde, sur les principes de l'organisation vraie du travail.

La répartition des bénéfices de la production se fait actuellement sans qu'aucun principe y préside.

Le sala re donné au travail semble n'être encore que la tradition de l'obligation pour le maitre de nourrir le serviteur.

A l'origine même le salaire ne fut que la représentation du sel indispensable à l'homme.

De nos jours le salaire se paie sur conditions débattues, mais sans autre règle que celle de l'offre et de la demande. Il n'est tenu aucun compte, que le travail renouvelant sans cesse les moyens d'existence, ces moyens doivent être assurés aux hommes de labeur.

Du jour où la grande industrie s'organise, la participation des travailleurs au bénéfice de la production devient une règle de justice. Car, alors, l'ouvrier ne dispose plus du produit sorti de ses mains ; c'est le capital qui s'en empare et qui monopolise les profits généraux du travail. Il n'est pas juste qu'il en soit ainsi. La situation du travailleur doit s'améliorer en proportion du développement de la richesse.

Voilà pourquoi il faut associer le capital avec le travail.

L'association du travail et du capital est un progrès social à réaliser parallèlement au progrès industriel; loin de se nuire, ces deux progrès doivent marc er de concert à la conquête de tous les autres.

C'est d'ailleurs l'association qui constituera le remède aux plaies de notre régime industriel : c'est en elle que sont renfermés les véritables principes d'organisation du travail sur lesquels reposera la prospérité future des nations.

Le droit de participation du travail n'est pas plus difficile à concevoir que le droit de participation du capital ; c'est une question de comptabilité et de chiffres des plus faciles.

Le droit de participation du travail ne gêne en rien la marche de l'industrie ; il peut s'appliquer à toutes les entreprises, sans en modifier la direction ; il peut, par conséquent, s'introduire dans l'industrie actuelle, sans autres difficultés que celles des résistances aveugles du préjugé qui seront, comme en tout progrès, les seuls obstacles à vaincre.

Si les garanties de différents ordres dont l'existence de l'ouvrier a besoin d'être entourée se présentent à l'esprit lorsqu'on songe à le rendre participant aux bénéfices de l'industrie, aucun d'elles n'est néanmoins susceptible de faire obstacle à l'inauguration du nouveau régime. Elles sont déjà toutes plus ou moins entrées dans la pratique industrielle, sous l'influence du désir qu'ont des chefs d'industrie de chercher un remède aux souffrances de l'ouvrier malheureux.

Le principe de participation ne fait que consacrer toutes ces tendances à la bienfaisance et à la justice envers l'ouvrier.

Ce principe, librement accepté, se fera peu à peu sa place en gravitant vers l'Association de tous les forces humaines ; alors, effaçant l'individualisme et l'égoïsme qui en est la conséquence et qui pousse sans cesse l'homme au mépris du droit d'autrui, le principe de participation inspirera à chacun des sentiments plus humains, sauvegardant les droits de tous.

L'objection qu'on oppose pour contester au travail son droit de participation ne manquera pas de se produire ici ; dans toute entreprise, dira-t-on, le capital court les chances, c'est à ses risques et périls qu'elle marche ; s'il perd, le travail ne vient pas l'idemniser ; si l'entreprise est favorable, le capital doit par conséquent jouir de ses avantages, comme il aurait, dans le cas contraire, supporté le poids du revers.

Cet argument n'est que spécieux. Il n'est pas vrai, en effet, que le travail ne soit assujetti à aucune chance de perte ; ses pertes se produisent sous une autre forme que celles du capital, mais elles n'en sont pas moins réelles pour cela.

N'est-ce pas une perte pour le travail, quand l'industrie opère la réduction des salaires ?

N'est-ce pas une perte pour le travail, quand le chômage arrive et que le salaire cesse par la fermeture des ateliers ?

Le travailleur, dans ces circonstances, n'est-il pas obligé d'épuiser les ressources qu'il possède, en attendant que l'industrie ait besoin de lui, et s'il n'a pas de ressources, il doit souffrir toutes les privations.

Le capitaliste ne souffre dans les phases défavorables de l'industrie que de l'absence de bénéfices ou de l'amoindrissement de son capital.

Le travailleur, au contraire, souffre des fluctuations de l'industrie par le sacrifice de ses économies, par la détresse et souvent dans sa santé : il paye ainsi jusque dans sa personne.

Capital et travail ont donc chacun leur part dans les vicissitudes de la production, il est juste de donner à chacun sa part dans la prospérité.

Beaucoup de personnes, oubliant le précepte de *donner aux autres les sécurités que l'on désire pour soi-même*, diront que la condition faite au travail tient à la nature même des choses ; que le capital et le travail étant des facteurs différents de la production, ils ne peuvent avoir des garanties semblables.

C'est vrai, répondons-nous, leurs garanties peuvent être différentes, mais ce qu'il faut reconnaitre aujourd'hui, c'est que celles du travail sont oubliées.

Rien des protections assurées au capital n'existe pour lo travail mis en permanence en face de l'arbitraire. Aujourd'hui, dans la mine, la forge, l'usine, la fabrique, les prix du salaire sont fixés à un certain taux; demain, il peut convenir aux détenteurs du capital de baisser ces prix sans consulter le travail, et le travail devra s'incliner.

Lorsqu'il s'agit des loyers ou revenus du propriétaire, tout est sauvegardé par la loi, par les contrats et même par la coutume; mais lorsqu'il s'agit des ressources du travailleur, des loyers ou revenus de l'ouvrier, c'est-à-dire du salaire dont il vit, lui et sa famille, tout est précaire et sans sécurité.

Le fermier du capital ou de la propriété est soumis à des conditions régulières, tandis que les grands fermiers du travail ne sont soumis à aucune règle, c'est-à-dire n'ont d'autres règles que celles qu'ils s'imposent à eux-mêmes.

Au nom de l'équité et de la morale sociales, faisons donc que cet état de choses ne dure pas plus longtemps; faisons que le travail soit représenté dans toutes les entreprises où il intervient, et qu'à côté des conseils veillant sur les intérêts de ceux qui possèdent les instruments de travail, il y ait d'autres conseils veillant sur les intérêts de ceux qui ne possèdent rien autre chose que le travail lui-même.

Il n'est pas plus difficile de concevoir un conseil élu parmi les travailleurs qu'il n'est difficile d'en concevoir un élu parmi les actionnaires.

Les objections naissent de ce que cela ne s'est pas encore fait, de ce que cela est contraire aux habitudes, et de ce que le droit des travailleurs aux bénéfices produits par leur travail n'est pas encore consacré.

Mais comment concevoir le règne de la paix et de la concorde dans le monde tant que celui de l'équité et de la justice ne sera pas mis en pratique.

Or, personne ne contestera que la justice soit que chacun jouisse du fruit de ses œuvres. A ce point de vue les bénéfices de la production sont l'œuvre du travail et du capital ; il est donc juste que le travail entre en participation dans les bénéfices de l'industrie, en proportion de la valeur du concours qu'il a apporté à la production.

Du jour où ce principe d'équité sera consacré, les conflits entre patrons et ouvriers disparaîtront, et les grèves n'auront plus de raison d'être ; car, en même temps que le principe de l'équité de répartition fera son entrée dans l'industrie, l'esprit de mutuelle et fraternelle assistance se répandra en institutions dans l'Etat. La vie humaine, dans la personne de chaque individu, sera placée sous la protection sociale ; la misère et la mendicité disparaîtront de la société ; et chacun sera l'artisan de son bien-être et de son élévation dans la mesure de son activité.

En introduisant plus de sagesse dans la répartition des produits du travail, la société moderne est en mesure d'opérer cette transformation ; du jour où elle l'aura faite, elle aura réalisé le règne de Dieu et sa justice, et tout alors lui sera donné par succroît.

CHAPITRE XII

L'ASSOCIATION ET LA FRATERNITÉ

Le problème à résoudre pour établir des relations fraternelles entre les hommes a son principal élément de solution dans l'accord des intérêts entre les différentes classes de la société. Le règne de la justice n'est possible qu'à la condition d'établir une équitable répartition des biens matériels créés chaque jour par le travail.

Je rappellerai brièvement que, dans la production de la richesse, il y a trois agents distincts :

1° La nature, qui donne la matière et l'activité vivifiante ;

2° Le travail humain, qui met en œuvre la matière et aide à la fructificatton des éléments que fournit la nature ;

3° Le capital ou travail économisé qui sert d'instrument et de moyen d'action au travail pour créer de nouvelles richesses.

La solution du problème de la répartition équitáble entre ces trois éléments de la production est tracée dans la déclaration de principes qui forme le Titre premier des présents Statuts. J'y renvoie donc le lecteur.

Je me borne à signaler ici que l'Association a pour principe la liberté des conventions.

C'est d'un commun accord que s'établissent le salaire du travail et l'intérêt du capital. Leurs relations se déterminent par le besoin que ces facultés productives ont l'une de l'autre ; mais une fois qu'elles ont fixé leur valeur respective selon leur utilité dans la production, c'est proportionnellement à cette valeur que chacune d'elles a droit à la répartition des bénéfices de la production. Ce principe doit être invariable : un franc de salaire viendra toujours au même titre qu'un franc d'intérêt ; mais les taux de l'intérêt et du salaire sont arrêtés à l'avance par des conventions.

Capital et travail, tout en s'unissant à l'abri d'un principe qui les intéresse au succès de toute entreprise, n'en restent pas moins l'un et l'autre libres de leurs mouvement.

Le travail ira sans gêne où le capital sera moins exigeant, comme le capital, de son côté, se portera où le travail lui donnera des résultats avantageux.

Il n'y a pas à bouleverser la marche actuelle de l'industrie et de la production pour inaugurer le principe de la répartition équitable des bénéfices ; il suffit de déterminer à l'avance le taux de l'intérêt des capitaux engagés dans l'entreprise ; de fixer les émoluments, appointements et salaires ; puis, administrateurs, directeurs, comptables, chefs de fabrication, contre-maîtres, ouvriers sont intéressés aux bénéfices de l'entreprise selon l'importance de leur concours ; chacun peut s'en retirer selon ses conventions, sans troubler en rien ni les fonctions, ni la marche des industries.

L'association est devenue aujourd'hui chose familière lorsqu'il s'agit de mettre des capitaux dans une entreprise financière, industrielle ou commerciale ; mais elle est plus difficile à réaliser entre capitalistes et travailleurs.

Pourtant notre siècle, malgré son caractère individualiste, progresse dans la voie de l'Association. Aussi, à côté des grandes entreprises du capital, a-t-on vu les classes laborieuses se grouper soit pour l'achat et la vente des denrées, soit pour exploiter en commun une même branche d'industrie.

C'est particulièrement sous le nom de société coopérative que ces dernières tentatives se sont produites.

Les coopérateurs se sont unis pour partager les bénéfices soit de la vente des produits commerciaux, soit de leur industrie particulière.

Mais, en dehors de ces opérations ou de ce motif de ralliement sur une question d'intérêt, ils sont restés étrangers les uns aux autres dans toutes les autres actions de leur existence. Aussi n'a-t-on pas donné le nom d'association, mais celui de coopération, à ces entreprises.

Ces sociétés coopératives ont pour objet de supprimer les intermédiaires entre le consommateur et le producteur.

Dans la coopération de consommation, ce sont les bénéfices du commerçant que les coopérateurs font tourner à leur profit; dans la coopération de production, ce sont les bénéfices du patron qu'ils réalisent.

La société coopérative a donc pour objet particulier l'économie des intermédiaires, et par suite, le partage des bénéfices qui en résultent.

Dans ces étroites limites, la coopération n'en est pas moins un pas fait dans la voie de l'entente et de l'accord des intérêts.

Pour ce qui est de la coopération commerciale, en dehors du partage des bénéfices ou de la perte qui en résulte, on ne voit guère qu'elle produise d'autre effet moral que celui de donner lieu à des réunions dans lesquelles les coopérateurs se forment à la discussion de leurs intérêts communs.

La société coopérative de production appelle les individus à un accord de volonté et d'action plus réel et plus efficace.

Chez elle il n'y a plus seulement un bénéfice pour objectif, il y a l'entente des ouvriers dans le travail : l'union est plus réelle, les hommes apprennent à s'aimer, à se dévouer les uns aux autres ; ils deviennent meilleurs.

Réunis pour travailler en commun, les coopérateurs triomphent ensemble plus aisément des difficultés que le travail présente ; ils sont aussi mieux placés pour comprendre la grandeur du rôle que celui-ci est appelé à remplir dans le monde. Par l'action collective, l'ouvrier est plus disposé à comprendre que le travail est le symbole de la vie ; il le trouve plus agréable à exécuter. Le travail s'ennoblit à ses yeux, et c'est ainsi que peu à peu, par la pensée, par la parole et par l'action, la place sociale du travail se révèle à tous les hommes.

La Société coopérative de commerce a donc moins de puissance que la Société coopérative d'industrie pour développer la valeur intellectuelle et morale de ses membres.

Mais si l'une et l'autre s'unissaient, si à la Société de production se joignait la Société de consommation alors la coopération rapprocherait singulièrement les hommes de la vie fraternelle, c'est-à-dire de cette solidarité dans le bien qui est le fond de la morale universelle et le but de la vie.

Mais les réunions nécessaires pour une pareille organisation ne se font que difficilement. Si les hommes peuvent se réunir dans l'atelier, ils sont obligés de se séparer pour se rendre à leurs demeures, disséminées sur différents points et dans différents quartiers ; les ateliers et magasins coopératifs sont le plus souvent éloignés les uns des autres et de l'habitation ; ce sont là des conditions peu commodes et antiéconomiques que l'Association réelle entre les hommes ne doit pas comporter.

On comprend facilement que c'est par l'économie du temps et de la peine, que c'est par le bon emploi des ressources, que l'homme parviendra à s'assurer un sort meilleur.

D'où je suis amené à conclure brièvement que si la coopération peut, dans une certaine mesure, contribuer à améliorer le sort des classes ouvrières, elle est impuissante à résoudre les difficultés sociales, à assurer le bien-être des classes les plus nombreuses ou tout au moins à leur donner les garanties nécessaires.

Pour être réellement fructueuse, elle doit comprendre tout à la fois la production, la consommation et l'habitation ; mais alors ce n'est plus la simple coopération, c'est l'association des individus.

L'association seule peut concentrer tous les genres de coopérations : production, consommation, éducation, habitation.

Elle seule peut unir les intérêts du labeur et ceux de la richesse.

Elle seule ouvre aux classes et aux individus la voie de la Fraternité.

L'usage et l'emploi de la richesse n'atteignent un but conforme aux lois de la vie qu'en créant le milieu dans lequel ils peuvent réellement produire le bien-être au profit de tous, et concourir au progrès de la vie humaine par le complet développement des facultés de chacun.

C'est à la bonne organisation de l'atelier qu'est dû le progrès de la production et du travail.

C'est à la bonne organisation de l'habitation que sera due la réalisation du bien-être par la consommation bien comprise des produits du travail.

C'est dans l'habitation que se concentrent les côtés les plus intimes de l'existence humaine ; c'est par elle que les ressources dues au travail peuvent recevoir l'emploi le plus conforme au but de la vie et concourir de la façon la plus certaine au bien-être et au progrès de l'existence.

C'est par l'habitation que l'association peut réaliser en faveur des classes ouvrières les équivalents de la richesse ; par l'habitation bien comprise, on peut concentrer les ressources et les choses d'un usage commun, les rendre d'un facile accès à toute une population et mettre ainsi, à la portée des associés, la plupart des avantages que la fortune seule peut s'accorder dans l'état actuel de division des intérêts.

L'association est la voie ouverte à l'humanité pour la pratique de la fraternité. Avec elle on peut marcher constamment dans la voie des œuvres utiles, on a un guide sûr et infaillible devant soi.

Placer la famille du travailleur dans un logement commode ;

Entourer ce logement de toutes les ressources et de tous les avantages dont l'habitation du riche est pourvue ;

Faire que le logement de l'ouvrier soit un lieu de tranquillité, d'agrément et de repos ;

Remplacer par des institutions communes les services que le riche retire de la domesticité ;

Telle est la marche à suivre si l'on ne veut pas que les familles ouvrières soient perpétuellement exclues du bien-être qu'elles créent, auquel toute créature humaine a droit et qu'il est dans les nécessités de notre époque de réaliser pour tous.

En résumé, l'association est le principe d'organisation qui dans la société correspond à l'application de ce précepte de la morale supérieure des peuples : « Aimez vous les uns les autres. »

Car, si l'on suppose pour un instant l'association établie entre le Capital et le Travail, dans une branche quelconque de l'industrie, le premier devoir des associés sera d'assurer à la vie humaine les garanties qui lui sont nécessaires, c'est-à-dire de veiller, avant tout partage de bénéfices, à faire disparaître les misères, à soulager les souffrants et les malades, à pourvoir à l'éducation et à l'instruction de l'enfance, et à doter l'Association des moyens propres à aider au développement intellectuel et moral des sociétaires.

Ce n'est qu'après avoir accompli ces devoirs et satisfait à ces principes de morale sociale, pour lesquels l'Etat doit accorder son patronage, que l'Association portera les bénéfices restants au compte des sociétaires et des actionnaires, en proportion du concours que chacun d'eux aura donné en travail ou en capital.

L'association satisfait donc ainsi au précepte qui nous enseigne le devoir de nous aider les uns les autres, et d'agir envers les autres comme nous désirons qu'on agisse envers nous-mêmes, ce qui ne fait en aucun cas le régime du chacun pour soi.

C'est la solution que formulent les Statuts de la Société du Familistère.

Associer tout à la fois les opérations d'industrie, de travail de commerce, d'approvisionnements, de logement, d'éducation et d'instruction et les divers services de mutualité concernant les vieillards, les infirmes, les malades, les orphelins, etc.

Tel est le spécimen d'institutions que je livre à l'étude des hommes sérieux.

CHAPITRE XIII

ACCÈS A LA PROPRIÉTÉ ET A LA FORTUNE

La plupart de ceux qui se sont occupés de l'amélioration du sort des classes laborieuses ont considéré l'accès à la propriété comme une condition essentielle de cette amélioration.

Le moyen proposé pour atteindre ce but a consisté surtout à placer les économies de l'ouvrier, quand celui-ci en peut faire, dans l'achat d'une petite maison servant à le loger lui et sa famille ; mais on a négligé de lui donner un intérêt dans l'usine, dans la fabrique et dans la ferme.

Il est pourtant bien aussi intéressant pour l'homme de labeur de se sentir des droits sur l'atelier et l'instrument de travail qui constituent son gagne-pain que sur la maison qu'il habite.

L'atelier, en effet, n'est pas seulement le lieu où se gagne la subsistance de chaque jour, il est de plus celui où l'ouvrier dévoue sa liberté à l'action méritoire du travail.

En n'ouvrant à l'ouvrier que la perspective de devenir propriétaire de son habitation, on ne réalise qu'une faible partie de ce qui est à faire ; car l'atelier où le travailleur passe sa journée, la matière qu'il met en œuvre, le produit qui sort de ses mains, le profit qu'on fait de ce produit, sont des choses qui le touchent de près et dans lesquelles il ne serait certainement pas moins heureux d'avoir une part d'intérêt que dans l'habitation où il est logé.

Si l'accès à la propriété doit relever l'homme en dignité, il faut le rendre possible à tous.

Mais, dira-t-on, comment arriver à un tel résultat ?

C'est encore, répondrai-je, l'association qui en offre les moyens.

C'est elle qui, sans nuire à l'unité de la ferme et des cultures, permet d'intéresser l'ouvrier des champs aux opérations agricoles.

C'est elle qui, sans porter atteinte à l'unité de direction industrielle, permet à l'ouvrier de l'usine et de la fabrique de posséder une part d'intérêt dans le capital de l'industrie à laquelle il est attaché.

Ce sujet est assez important pour que nous nous y arrêtions. Peu de personnes, en effet, comprendraient sans explication comment l'ouvrier pourra non seulement avoir part à la propriété de l'habitation, mais encore devenir actionnaire dans l'établissement où il travaille.

On n'a pas perdu de vue que précédemment j'ai établi le principe du droit de participation de l'ouvrier aux bénéfices. Ce droit s'exerce dans la coopération de production, à plus forte raison s'exerce-t-il sous le régime de l'association de toutes les forces, de toutes les ressources et de tous les concours.

L'industrie bien dirigée et bien conduite donne des bénéfices pour résultat. Quand tout le personnel d'une industrie aura, par l'association, le même intérêt à bien faire, nous pouvons admettre que les bénéfices ne seront pas moindres.

Les membres de l'Association auront donc chaque année des bénéfices à répartir, après avoir payé les salaires au travail, acquitté les intérêts du capital et pourvu à tous les services sociaux. C'est dans le judicieux emploi de ces bénéfices nets que se trouve le principal moyen de l'émancipation des travailleurs, en même temps que celui de leur avénement à la propriété.

Pour qu'il en soit ainsi, il ne faut pas se laisser aller à une distribution trop hâtée, il faut que les bénéfices suivent le cours des applications qu'ils ont ordinairement en industrie et en agriculture. Agir autrement serait un recul au lieu d'être un progrès.

Ainsi, dans une industrie en voie de développement, les bénéfices servent à accroitre les moyens d'exploitation, à augmenter le capital par la construction ou l'acquisition d'immeubles nécessaires, par la création ou l'achat d'outils indispensables.

Il ne faut pas que l'Association suive une autre voie ; il ne faut pas que les bénéfices revenant aux travailleurs soient distraits de l'indusirie; ils faut qu'ils servent à accroître les moyens d'action de l'Association. Le travailleur a droit à un dividende proportionnel à son concours, mais ce dividende doit être converti en part d'intérêt dans le capital de la Société. Procéder différemment, distribuer en espèces aux ayants droit leur part de bénéfices, serait enlever à l'industrie ses moyens d'action et de progrès, sans produire autre chose qu'un avantage pécuniaire et passager pour l'ouvrier.

Mais il n'en est plus de même si les bénéfices, convertis en matériel industriel, s'ajoutent au capital de l'association et si la valeur en est délivrée en titres aux ayants droit. Chaque ouvrier devient ainsi propriétaire d'une part du fonds social et il joint la qualité d'actionnaire à celle de travailleur.

Participant aux bénéfices à ce double titre, il se trouve doublement intéressé à l'entreprise sans que l'accès à la propriété puisse développer en lui l'instinct de l'égoïté. Son intérêt l'amène au contraire au sentiment de la fraternité, car c'est dans la prospérité générale que se trouve

la sienne propre. L'Association conduit donc à la pratique
de la morale fraternelle, comme la morale fraternelle conduit à l'Association.

Mais, dira-t-on, une entreprise industrielle, fût-elle basée
sur l'Association, ne peut indéfiniment augmenter son capital. Un moment arrive où elle possède tout ce qui lui est
nécessaire pour exploiter son industrie, alors il faudra bien
partager les bénéfices disponibles.

Non, répondrai-je, ce partage ne devra pas davantage avoir
lieu ; les bénéfices disponibles continueront à être convertis
en titres de part dans l'Association au profit des ayants droit,
mais leur valeur sert à rembourser intégralement les titres
de fondation, puis les titres les plus anciens, par ordre de
priorité.

Par ce remboursement successif et la délivrance d'actions
nouvelles aux travailleurs, le fonds social rentre insensible-
ment aux mains des membres actifs de la Société et ne risque
pas de s'égarer en des mains étrangères, de sorte que, quelle
que soit la durée de l'œuvre, ce sera toujours ceux qui feront
vivre l'Association qui seront en possession de ses biens.

Peut-être se demandera-t-on ce qui adviendrait si, au lieu
d'une Association qui commence par convertir ses bénéfices
en capital social, il s'agissait d'une Société se formant de
toutes pièces avec de grands capitaux qui, dès la première
année d'exercice, donnerait des bénéfices à répartir aux
employés et ouvriers.

La seule différence consisterait en ce que, pour cette dernière, le remboursement des titres de fondation commence-
rait dès le premier exercice, afin de faire passer une part du
fonds social en titres aux mains des employés et ouvriers de
l'Association.

Fixons la pensée par un exemple.

Un établissement d'industrie en plein exercice possède un capital de deux millions. Ses propriétaires associent leurs employés et ouvriers aux bénéfices de l'entreprise ; les choses se passeront de la façon suivante :

Si l'entreprise est bien conduite, on peut supposer qu'après l'intérêt du capital et toutes autres charges payées, il restera un bénéfice de cent mille francs à répartir aux travailleurs et à rembourser aux capitalistes fondateurs ; on voit qu'ainsi en moins de vingt ans le fonds social serait passé aux mains des employés et ouvriers attachés à l'établissement, et que les premiers propriétaires auraient pu disposer de leurs capitaux, au fur et à mesure du remboursement. .

Quelle ère nouvelle de bonheur et de paix un tel état de choses ferait naître dans la Société, si les hommes savaient le réaliser !

N'ai-je pas eu raison d'intituler ce chapitre : Accès à la propriété et à la fortune ? En effet, l'association du labeur et de la richesse donnant au travailleur droit au partage des bénéfices industriels, lui confère par ce fait des droits sur les ateliers, l'outillage, l'habitation, enfin sur tout ce qui constitue le capital de l'Association.

Quelle différence entre de tels intérêts et cette prétendue faveur de l'accès à la propriété qui consiste à proposer à l'ouvrier l'achat à crédit d'une maisonnette, sans lui offrir d'autre moyen d'en devenir propriétaire que celui d'en payer le prix sur son salaire !

CHAPITRE XIV

DES FONCTIONS ET EMPLOIS ET DE LA DIRECTION
DANS L'ADMINISTRATION

Dans toute direction, les résultats sont en concordance avec le mérite et la capacité des personnes attachées aux fonctions dirigeantes.

Ce fait depuis longtemps remarqué que tant valent les hommes tant valent les choses, implique surtout pour l'association la nécessité d'appeler aux fonctions les hommes les plus dignes et les plus capables.

Mais par quel moyen atteindre ce but ? Comment être assuré de toujours donner à l'association des fonctionnaires à la hauteur du rôle qu'ils ont à remplir ?

La nécessité d'assurer une direction suffisante et stable à la marche d'industries dont dépend l'existence de populations entières, se comprend plus que jamais. On conçoit tout ce qu'il y a d'inconvénients et de dangers à ce que les établissements les plus importants soient encore assujettis aux chances de directions incertaines, aux hasards de tomber entre des mains inhabiles et incapables ; tel est pourtant le sort des ateliers de production de tous ordres, aussi bien dans l'agriculture que dans l'industrie.

A une direction intelligente et prospère peut succéder une direction incapable et ruineuse. Rien dans l'état actuel de notre organisation agricole et industrielle n'est pré pour empêcher de tels malheurs ; et cependant ils compromettent les plus réelles ressources des populations laborieuses.

Tous les hommes intelligents entrevoient le préjudice que cet état de choses cause à la production générale et aux moyens de subsistance des classes ouvrières ; mais bien peu ont mesuré l'étendue du mal.

L'insuffisance des directions est la principale cause de l'imperfection du travail, de la production mal calculée, de l'encombrement des produits et, par suite, de la concurrence dépréciative, de l'abaissement des salaires, du chômage, de la misère des classes laborieuses, toutes choses que des directions intelligentes éviteraient.

Le principe de l'association s'oppose à cet état d'anarchie industrielle dont souffre la société tout entière. L'industrie sociétaire n'est plus soumise au régime arbitraire d'un seul chef de fabrique.

L'Association ne peut pas permettre que la direction tombe, par voie d'héritage, aux mains d'incapables et d'inhabiles, elle est naturellement portée à la confier à l'intelligence et au mérite.

Au nom de l'intérêt de tous, l'Association procède d'une façon rationnelle et d'après des règles qui ne laissent ni à l'arbitraire ni à la faveur le soin des mesures à prendre.

Ses Conseils ont charge de veiller aux intérêts communs, et c'est surtout dans l'organisation des pouvoirs qu'ils ont un rôle salutaire à exercer.

Le choix des fonctionnaires est une des questions les plus difficiles pour l'association. C'est en grande partie du mérite de ses agents supérieurs que dépend sa prospérité, et il faut reconnaître que dans l'état présent du développement intellectuel des masses, il n'est guère fréquent d'y trouver les éléments d'une direction comme celle que réclament les affaires si diverses d'une association qui embrasse les approvisionnements et la vente des denrées domestiques, les soins de l'habitation, la production manufacturière et agricole, et les opérations de commerce.

Une telle administration exige des capacités réelles à la tête de ses différents services, et c'est de la succession et du renouvellement de ces capacités que dépend la prospérité sociale.

En présence des difficultés de l'organisation des pouvoirs dans une société importante, les esprits prévenus diront que l'Association est impossible.

C'est trop se presser de conclure. L'Association a ses difficultés à vaincre, mais si l'on se représente les inconvénients et les dangers auxquels l'industrie actuelle est assujettie, on reconnaît sans peine que c'est encore l'Association qui doit y remédier.

L'industrie, dans sa constitution présente, est sans suite. La grande majorité des établissements périclite en moins de cinquante ans. Les connaissances, les traditions industrielles se perdent parce que le droit d'héritage est impuissant à les conserver.

Le régime de l'Association perpétue, au contraire, les bonnes traditions, les capacités directrices et administratives ; il conduit à organiser le concours à tous les emplois et à mettre ainsi en relief toutes les capacités et toutes les aptitudes.

L'Association du Familistère exige deux sortes d'épreuves pour le choix et l'avancement de ses fonctionnaires. Ces épreuves sont celles du concours et de l'élection.

Par le concours, le candidat fait preuve de capacité suffisante ; par l'élection, il est établi que le fonctionnaire jouit de la confiance et de l'estime des associés.

Les Conseils de l'Association sont, comme nous l'avons déjà dit, juges des concours en ce qui concerne les connaissances techniques du candidat.

L'appréciation du mérite ou de la valeur morale est dévolue au suffrage.

L'Association donne ainsi, dans la mesure du possible, la direction aux plus capables et aux plus digres ; elle remédie donc à la confusion et à l'arbitraire qui existent actuellement dans le choix des employés, et elle ne peut en aucun cas tomber absolument en des mains incapables.

Je ne crains pas d'affirmer que c'est dans la bonne organisation et l'intelligent usage des concours et de l'élection que se trouvera la cause principale des succès de l'Association, comme c'est dans l'oubli de cette règle qu'elle trouverait la cause de ses insuccès.

CHAPITRE XV

LE FAMILISTÈRE ET L'AVENIR DE L'HABITATION (1)

Mes lecteurs connaissent les raisons philosophiques et morales qui m'ont déterminé à fonder l'Association du Familistère ; je vais exposer brièvement par quelles circonstances matérielles le Familistère a préparé l'Association.

En 1840, je commençai à Esquehéries, mon village natal, une industrie nouvelle dont l'objet était de produire en fonte de fer des appareils de chauffage et de cuisine qui jusque-là n'avaient été faits qu'en tôle.

Six ans plus tard, étant parvenu à réaliser quelques bénéfices, je vins à Guise, accompagné d'une vingtaine d'ouvriers et fondai les premiers ateliers de l'usine importante qu'on y voit aujourd'hui.

Chaque année je dotais mon industrie de modèles et produits nouveaux, et j'agrandissais mes ateliers. Le nombre des ouvriers croissait dans la même proportion.

En présence de ces faits, l'amélioration du sort de la classe laborieuse, qui était depuis longtemps une de mes principales préoccupations, prit une plus grande place dans mon esprit.

L'étude des souffrances et des privations éprouvées par les familles ouvrières m'avait démontré que la première

---

(1) Pour toute l'organisation du Familistère voir l'ouvrage « *Le Familistère de Guise et son fondateur* » première et deuxième éditions.

condition pour faire arriver ces familles au bien-être est de faire en sorte qu'elles jouissent d'un logement pourvu des ressources et avantages sans lesquels la vie est entourée de dégoûts.

Pour peu qu'on veuille y penser, il est facile de se convaincre que le logement est la base du bien-être de la famille. Quelles que soient les ressources dont celle-ci dispose, elle ne peut en faire un usage profitable que lorsque de bonnes conditions de logement le lui permettent. Cela est tellement bien compris des classes riches, que leur première préoccupation est de se donner une habitation convenable.

Convaincu que les bénéfices créés par le travail ne pourraient être mieux employés qu'à bien loger le travailleur, je conçus le projet d'édifier pour mes ouvriers l'habitation à côté de l'usine.

Il m'apparut alors qu'une réforme architecturale était nécessaire dans l'habitation, si l'on voulait que celle-ci servît à l'amélioration du sort des classes ouvrières.

J'étudiais donc le mode d'habitation qui, à ce point de vue et en tenant compte de l'état des terrains dont je pouvais disposer, devait réunir les conditions propres à permettre aux familles l'emploi le plus profitable de leurs ressources et à leur assurer un logement commode, agréable et salubre.

J'ai développé cette idée dans un autre volume (1). Je ne puis donc que la résumer ici.

En 1859, j'arrêtai les plans d'ensemble du Familistère, et je commençai par construire une des ailes.

Le Familistère comprend aujourd'hui trois édifices rec-

---

(1) *Solutions sociales.* — Librairie GUILLAUMIN et Cⁱᵉ, éditeurs, 14, rue de Richelieu, Paris.

tangulaires ayant ensemble un développement de 570 mètres
de façades extérieures (2). Chaque édifice possède sous-sol,
rez-de-chaussée et trois étages. Chacun d'eux a sa cour
intérieure couverte d'un vitrage à la hauteur des toits. Les
galeries en forme de balcon qui entourent chaque étage et
sont reliées d'un édifice à l'autre, permettent aux habitants
de circuler partout à l'abri des intempéries.

Au milieu des pelouses, rattaché à la façade nord du
palais par une galerie, se trouve le bâtiment destiné aux
soins et à l'éducation de la basse enfance.

Une partie de ce bâtiment est occupée par les salles de la
Nourricerie, où les mères peuvent confier leurs enfants de
moins de deux ans aux soins de bonnes dévouées à ce service.
Des berceaux, de petits sièges, un promenoir offrent aux
bébés des ressources proportionnées à leur âge.

Les salles du Pouponnat, ou premier jardin d'enfants,
occupent l'autre partie du bâtiment. Ces salles sont ouvertes
aux enfants de deux à quatre ans. Sous la direction de dames
gardiennes, les petits élèves passent leur temps à des exercices récréatifs, à des promenades dans les allées du parc et
à des jeux sur les pelouses.

Au midi et à l'extrémité de la place en face du palais, est
l'édifice contenant d'abord le Bambinat, ou second jardin
-d'enfants, pour les élèves de quatre à six ans; puis l'Ecole
proprement dite, comprenant trois salles de classe pour les
élèves de six à quatorze ans; enfin les grandes salles de
réunion servant aux besoins divers et aux amusements de
la population.

---

(1) En outre de ces trois édifices, le Familistère comprend actuellement
deux autres grands bâtiments, situés rue de Cambrai et rue de Landre-
cies. Un Familistère a aussi été construit à Laeken (Belgique) depuis la
fondation de l'Association.   (*Note de l'Administration*).

L'Association a des salles de jeux, de billard, de réunions, une salle de théâtre où des troupes d'acteurs viennent de temps à autre donner des représentations.

Enfin, près du palais sont les bâtiments d'exploitation, la basse-cour, les lavoirs et buanderies.

L'Oise contourne la propriété, dont elle fait une presqu'île.

L'entrée de l'usine est sur la droite de la rivière, à une centaine de mètres du Familistère.

Aussitôt le premier essaim de population installé dans le Familistère, un service fut établi pour le maintien de la propreté publique, de manière à ne pas en laisser l'obligation aux habitants.

La propreté des escaliers, des galeries, des fontaines, des cabinets d'aisances, des cabinets aux balayures, enfin tous les nettoyages et entretiens des choses d'un usage commun furent considérés comme donnant lieu à des fonctions spéciales imcombant aux soins de l'administration du palais, afin d'assurer la régularité et l'exactitude de ces services.

Des magasins furent établis de manière à pourvoir aux approvisionnements et au débit de toutes les choses nécessaires à l'alimentation et aux besoins les plus ordinaires de la vie : pain, viande, légumes, épicerie, boissons, combustibles, étoffes, vêtements, coiffure, chaussure, vaisselle, etc.

Les familles trouvent ainsi dans l'habitation même, presque à la porte de leurs appartements, des magasins où père, mère et enfants peuvent promptement et par des galeries couvertes aller pourvoir aux besoins du ménage.

L'eau nécessaire aux familles s'élève d'un puits artésien à tous les étages, et des fontaines la distribuent sur différents points de l'édifice.

Afin de débarrasser l'appartement de l'ouvrier des inconvénients du lavage du linge et de la lessive, des lavoirs et buanderies sont établis dans un bâtiment spécial prés du palais.

Dans le même bâtiment une piscine servant de bassin de natation pour la population, et surtout pour les enfants des écoles, permet d'exercer ceux-ci ; de sorte que, dès l'âge de six à huit ans, ils savent parfaitement nager. Les lavoirs et bains sont alimentés par les eaux chaudes des machines de l'usine.

Autour du palais, des terrains sont réservés aux pelouses et aux promenades ; la population peut aller s'y reposer sous les ombrages dans ses heures de loisir, et les enfants aux heures de récréation y prennent leurs ébats.

Le surplus des terrains qui avoisinent le palais est divisé en petits jardins que les familles se distribuent pour faire de l'arboriculture et de l'horticulture, mais particulièrement pour cultiver le poirier et les plantes potagères, de manière à ce que la famille ait sous la main les fruits, les petits légumés et les fines herbes. Les gros légumes se cultivent sur des terrains plus éloignés. Le jardin est cultivé au gré de celui qui le possède, presque toujours en dehors des heures du travail de l'industrie. On se retrouve donc là aussi entre associés ; mais chacun applique en toute liberté ses connaissances acquises dans l'art du jardinage. Ainsi s'établissent des points de comparaison propres à faire ressortir la valeur des différents procédés et à aider au développement des connaissances utiles.

On conçoit combien la communauté d'intérêts se fait sentir dans une population dont les liens sont ainsi resserrés, et la facilité avec laquelle les volontés peuvent s'unir dans un but commun. Aussi, dès l'origine du Familistère, des Sociétés, des comités se sont établis dans des buts divers.

Des Assurances mutelles ont été fondées.

Un corps de musique s'est constitué et compte aujourd'hui environ cinquante musiciens.

Un corps de pompiers s'est organisé.

Des jeux divers : tir à l'arc, tir à la carabine, etc., ont donné lieu à des sociétés spéciales.

Il n'entre pas dans mon sujet d'examiner ici comment les avantages économiques de l'habitation sociétaire se multiplient jusque dans les plus petits détails. Ce que je viens de dire du Familistère suffit pour démontrer quelle importance il faudra attacher au plan et à l'édification de l'habitation du peuple, quand on voudra travailler à l'amélioration réelle du sort des classes ouvrières.

Pour améliorer nos villes on démolit les vieilles rues, on rase les maisons, et des constructions nouvelles s'élèvent sur d'autres plans.

Pour améliorer le village, il faut aussi le bâtir à neuf, sur des plans conformes à l'économie domestique la mieux entendue.

Quelle que soit l'influence de l'habitude et de la routine en faveur de la petite maison isolée, lorsqu'il s'agit du logement de l'ouvrier, on ne pourra s'empêcher de reconnaître, à l'exposé rapide que je viens d'en faire, comment l'unité de l'habitation permet de mettre facilement une population ouvrière en possession des éléments principaux du bien-être et des agréments de la vie dont notre civilisation a fait la conquête. C'est ce que le palais du Familistère offre à la population qui l'habite.

Trois cents familles (environ douze cents personnes) occupent le palais social (1). Chaque famille a son intérieur,

----

(1) La population du Familistère actuel à Guise est de 2000 âmes.

(Note de l'Administration).

son foyer, son indépendance. Les hommes prennent part à l'industrie; un certain nombre de femmes sont attachées aux services du Familistère ou à des travaux particuliers de l'usine.

C'est cette population qui constitue l'élément fondamental de l'Association du Familistère.

Les ouvriers de l'industrie habitant au dehors sont de simples participants aux bénéfices ou des auxiliaires à titre temporaire.

La Société du Familistère unit ainsi dans une même association les personnes et les capitaux. Les personnes y jouissent des avantages et des bienfaits ressortissant des bénéfices créés par le travail; les capitaux, de la rémunération due à leur utilité.

C'est l'Association du labeur et de la richesse se prêtant un mutuel concours, se rendant de mutuels services et s'accordant de mutuelles garanties.

Vingt années se sont écoulées depuis la fondation du Familistère jusqu'au moment où l'Association définitive a pu être constituée.

Mais il est nécessaire de faire remarquer à ce sujet que dix années au moins ont été perdues en oppositions intestines qu'il m'a fallu détourner et vaincre pour éviter la ruine de l'œuvre. Le Familistère a éprouvé, comme toutes les idées et les choses nouvelles, des résistances et des embarras; il a eu ses détracteurs et ses calomniateurs avant d'avoir des appréciateurs.

Les Statuts de l'Association du Familistère et ses règlements constituent l'ensemble le plus complet des règles pratiques conçues jusqu'à ce jour en vue de la participation des ouvriers aux avantages créés par le travail et l'industrie.

Ces Statuts ne sont pas tels que j'aurais voulu les faire;

j'ai dû me renfermer dans le cadre étroit que la loi française impose aux conventions en matière de Société.

Peut-être ces restrictions légales en m'obligeant à étudier de plus près ce premier contrat entre le capital et le travail, serviront-elles à la vitalité de mon œuvre.

L'Association du Familistère, le travail participant aux bénéfices de ses usines, ses logements commodes et salubres, ses salles d'éducation et d'instruction, de réunion et de fêtes, ses Assurances de mutuelle protection, enfin tout ce que contiennent ses institutions pour concourir au bien-être et au progrès de l'être humain, est un fait trop considérable pour échapper à l'attention publique.

Aussi le Familistère a-t-il attiré l'attention des penseurs, surtout à l'étranger et particulièrement en Angleterre et en Amérique. Les nécessités sociales obligeront la France à s'en occuper plus qu'elle ne l'a fait ; il faudra bien examiner si réellement cette fondation répond à la mise en pratique de la morale et de la justice dans l'humanité (1).

---

(1) Depuis la fondation de l'Association et surtout depuis les derniers ouvrages publiés sur le Familistère à l'exposition d'économie sociale de 1889, nous avons pu constater avec plaisir une recrudescence considérable de l'intérêt qui s'attache à l'institution fondée par J.-B.-A. Godin et nous rendons justice aux nombreux industriels et aux hommes de lettres français qui sont venus visiter nos institutions soit pour en faire des imitations, soit pour les publier dans leurs écrits ou dans leurs conférences sur la question sociale.   *(Note de l'Administration).*

SOCIÉTÉ DU FAMILISTÈRE

DE GUISE

Association Coopérative du Capital et du Travail

PREMIÈRE PARTIE

STATUTS

TITRE PREMIER

DÉCLARATION DE PRINCIPES

I. — Pour rendre hommage à Dieu, Être suprême, source et principe universel de la vie,

Pour glorifier la vie elle-même,

Et pour servir à l'avènement de la justice parmi les hommes,

Les présents Statuts sont établis d'après la doctrine suivante :

II. — La vie est la loi suprême de tout ce qui existe ;

Tout est fait pour la vie et a la vie pour fin ;

C'est pour progresser dans la vie que l'homme reçoit l'être;

Son existence a pour objet évident de concourir à l'élaboration de la vie sur la terre.

III.— Le travail fait de l'homme l'auxiliaire du Créateur et lui permet d'honorer par des actes utiles l'œuvre de la vie. L'homme est donc une créature d'ordre supérieur et, dans le monde terrestre, la manifestation la plus élevée de la création. A ce titre, la vie humaine s'impose à la protection, aux égards, au respect, à la vénération de tous les hommes.

IV. — L'amour dû à la vie humaine est l'une des lois fondamentales de la morale universelle.

V.— L'individu et la société ont pour devoir essentiel d'agir en tout pour le plus grand bien de la vie humaine, d'en faire le constant objet de toutes leurs pensées, de toutes leurs actions.

VI.— Le sentiment de ce devoir a dicté aux sages de tous les temps les préceptes suivants, dont ils ont recommandé la pratique aux hommes :

« *Aimer les autres comme soi-même.*

« *Agir envers les autres comme nous voudrions qu'ils agissent envers nous.*

« *Faire servir notre capacité et notre talent à la perfection de notre existence et de celle des autres.*

« *Ne nous lasser jamais de faire le bien ni de traiter toute chose avec droiture.*

« *Nous unir pour nous soutenir mutuellement.*»

VII.— Pour que ces préceptes de la sagesse et la doctrine de l'amour de la vie humaine parviennent à trouver leur place dans les institutions sociales, les lois d'ordre universel, et en particulier la loi du progrès humain, mettent à la disposition des hommes :

Les ressources de la nature et celles du domaine public,

Le travail et l'intelligence,

Et le capital ou travail accumulé.

VIII.— C'est à l'intention de l'humanité entière que la nature vivifie et fait croître tout ce qu'elle renferme d'utile à la vie humaine, et c'est sans droit de privilège pour personne que les générations se transmettent les unes aux autres les connaissances acquises.

IX.— En donnant à l'homme l'existence, Dieu lui confère, par ce fait, le droit au nécessaire dans les ressources que la nature accorde chaque jour à l'humanité et le droit de profiter des progrès accomplis dans la marche ascendante des sociétés.

X.— Les produits de la nature et les forces qu'elle prête au travail sont les éléments à l'aide desquels, par l'industrie, l'agriculture et le commerce, l'activité humaine crée la richesse. Les ressources du domaine public secondent l'homme dans cette tâche.

XI.— Ce concours perpétuel et gratuit représente dans la richesse la part des droits naturels que l'homme apporte en naissant et qu'il ne doit jamais perdre.

De là résultent :

Pour les faibles, le droit de jouir de ce que la nature et le domaine public mettent à la disposition des hommes ;

Pour les puissants, le devoir de laisser aux faibles la part de bien qui leur est due dans la production générale.

XII.— Les ressources de la nature et celles du domaine public mises ainsi au service de la Société imposent aux hommes l'obligation d'imputer aux frais généraux de la production la part nécessaire aux faibles.

L'accomplissement du devoir social est ainsi assuré, et chacune des existences humaines que Dieu envoie sur la terre est garantie contre la misère et l'abandon.

XIII.— De son côté, le travail, loi de l'activité humaine sous toutes ses formes, crée sans relache les choses nécessaires au bien-être général.

XIV.— L'homme qui, obéissant à la loi du travail, nourrit et entretient la société, doit, selon la justice, recueillir à mesure qu'il produit une part proportionnée aux services qu'il a rendus.

Cette part est représentée par la rétribution convenue en échange de l'activité depensée à produire.

C'est la récompense minima des services rendus à la production par le travailleur.

XV.— Le capital, à son tour, joue dans la production générale un rôle utile et fécond.

Accumulation des épargnes de nos prédécesseurs, le capital est représenté par l'amélioration du sol, l'habitation, l'usine, l'atelier, l'outil, les machines, les marchandises, les valeurs d'échange et de circulation, en un mot par tout ce qui est mis en réserve pour venir en aide à l'exercice du travail et servir au bien-être général.

XVI.— L'emploi du capital est indispensable au travail dans l'œuvre de la production ; le capital mérite donc, comme le travail, une part équitablement calculée dans les bénéfices dont il contribue à enrichir la Société.

L'intérêt convenu au sujet du capital représente le prix attaché à l'utilité reconnue de son usage ; c'est la récompense due à celui qui abandonne à autrui l'emploi de ce qui lui appartient.

XVII.— Les salaires et les émoluments de toutes sortes ainsi que les intérêts librement consentis représentent donc la valeur des services et des concours du travail et du capital, comme la part nécessaire à l'entretien des faibles représente la valeur du concours de la nature et des ressources du domaine public.

XVIII. — Mais après les charges sociales servies, les salaires, émoluments et intérêts payés, s'il reste des bénéfices, il est juste, il est de l'intérêt social de récompenser les facultés qui ont concouru à les produire.

C'est alors que la part due à l'intelligence directrice et administrative peut être utilement prélevée.

Car l'iniative et la prévoyance intelligentes sont les causes principales de la bonne direction des affaires ; ce sont elles qui, par de sages mesures et d'utiles découvertes, augmentent chaque jour les éléments de progrès et de prospérité ; c'est à elles surtout que doit être attribué le bénéfice ou la perte, et, par ce motif, c'est dans le résultat final des opérations que la part due à l'intelligence peut être équitablement établie : ses droits n'existant que lorsque des bénéfices prouvent la valeur de son action.

XIX. — L'intérêt général exige ensuite qu'une part soit faite à la réserve sociale pour parer aux éventualités malheureuses.

Le surplus des fruits de la production peut alors être justement considéré comme le résultat des concours du travail et du capital, et l'équité réclame que chacun d'eux en reçoive une part proportionnelle aux services qu'il a rendus.

Or, ces services sont évalués par les salaires ou appointements des travailleurs et par les intérêts payés aux capitalistes ; c'est donc sur ces bases que les bénéfices restants doivent être partagés entre le travail et le capital.

XX. — Le partage des bénéfices se fait, de cette façon, entre tous les éléments producteurs et proportionnellement à leur importance et à leur mérite dans la création de la richesse.

XXI. — De ce qui précède résultent pour la Société les obligations suivantes :

Reconnaître les hommes solidaires devant la nature et devant les institutions ;

Intéresser chacun à la prospérité sociale en assurant à tous une part légitime dans cette prospérité ;

Enfin associer le labeur à la richesse dans l'œuvre et les bénéfices de la production.

XXII. — La paix sociale est au prix de l'observation de ces règles d'équité ; c'est en obéissant aux lois de la vie morale, comme elle obéit aux lois de la vie physique, que l'humanité réalisera sa destinée sociale.

XXIII. — La société doit ses douleurs et ses misères à l'ignorance et au mépris des règles de la justice, et surtout à l'esprit d'égoïsme dont les individus sont encore possédés.

Le mal ira s'amoindrissant à mesure que les hommes s'élèveront au sentiment de la Fraternité, c'est-à-dire à l'amour les uns des autres, et qu'ils s'attacheront à faire passer cet amour dans les institutions sociales.

XXIV. — L'Égoïsme est chez l'homme un reste des imperfections morales antérieures ; c'est le même instinct qui pousse l'animal à s'approprier tout ce qu'il rencontre, parce qu'il ne comprend la vie qu'en lui-même et pour lui-même.

XXV. — La Fraternité, au contraire, c'est l'élévation de l'esprit humain à l'amour des autres et au désir d'utiliser toutes les œuvres de la création au progrès de la vie générale. C'est la charité universelle, c'est la régénération de l'âme primitive, c'est son avénement à la vie véritablement humaine.

XXVI. — Quelle que soit la condition dans laquelle un homme puisse être placé, qu'il ait à sa disposition : pouvoir, honneurs, richesses, ou qu'il soit dans la pauvreté, tant qu'il n'éprouve d'autre amour que celui de sa propre personne, il reste dans l'état d'égoïsme, c'est-à-dire abandonné au mal.

L'Égoïsme, c'est la concurrence des intérêts, la lutte au nom du *chacun pour soi*, la guerre, même entre les peuples. C'est le mensonge et l'hypocrisie sociale ; c'est lui qui inspire à l'homme le désir insatiable de s'emparer du pouvoir et des richesses sans se préoccuper de l'équité des moyens, et dans le seul but de faire triompher sa propre personnalité, sans souci des droits de ses semblables.

Tant que l'égoïsme domine chez les individus, ils sont impuissants à s'associer pour le bien commun.

XXVII. — Au contraire, quelle que soit la condition d'un homme, dès qu'il est pénétré d'amour pour le progrès de la vie, la Fraternité devient son guide pour le conduire dans la voie du bien.

La Fraternité, c'est la conciliation des intérêts, l'association des hommes en vue du bien commun, c'est la paix entre les nations.

Elle inspire à l'homme le désir incessant de se rendre utile à ceux qui l'entourent, de travailler à leur progrès et à leur avancement. Elle pousse l'individu à acquérir loyalement la richesse dans le but de la faire servir au bonheur commun.

C'est elle qui engendre le désintéressement individuel, qui fait que l'homme aime le pouvoir afin de travailler plus efficacement au bonheur général.

C'est par la Fraternité que se distingue l'individu véritablement digne d'exercer l'autorité, car celui-là qui est animé de l'amour du bien public et du respect de la liberté de tous est le protecteur naturel des droits de chacun.

XXVIII. — Dès que la Fraternité existe dans leur cœur, les hommes sont préparés à la pratique de la justice.

Reconnaissant alors qu'ils sont tous solidaires dans le bien comme dans le mal, ils comprennent que la bienveillance et le concours de tous peuvent seuls assurer à chacun protection et appui, et ils unissent leurs efforts et leurs ressources afin de se donner de mutuelles garanties.

L'association des intérêts et des volontés devient la conséquence pratique de ce progrès accompli chez les individus. Par elle, la Fraternité se traduit en institutions sociales qui donnent à l'existence humaine toutes les garanties et toutes les sécurités.

Sous le régime de l'association, l'individu en travaillant pour lui-même travaille à la prospérité générale; il s'élève en vertus morales par le concours qu'il apporte à faciliter à tous ceux qui l'entourent l'exercice o i droit et la pratique du devoir.

XXIX. — C'est en s'inspirant des principes qui précèdent pour assurer à tous les hommes les bienfaits de la mutualité et de l'association que les sociétés humaines feront disparaître le paupérisme et la misère.

C'est ainsi que les actions des hommes se mettront en accord avec les lois de la nature et les principes supérieurs de la morale.

C'est ainsi que la vie humaine entrera dans la voie de ses véritables destinées, dans la voie de la saine vie morale, de la concorde, de la paix et du bonheur social ; c'est ainsi enfin que le règne de la justice s'établira sur la terre.

XXX. — En conséquence :

En vue du bien universel de la vie,

Par amour du progrès humain,

Et pour faciliter au travail son rôle régénérateur des sociétés :

ARTICLE PREMIER.

M. JEAN-BAPTISTE-ANDRÉ GODIN, manufacturier, demeurant à Guise, fonde au **Familistère de Guise**, avec tous ceux qui adhèrent aux présents Statuts, une Association qu'il place sous la protection des principes qui précèdent, afin d'exploiter fraternellement le Familistère et ses usines de Guise et de Laeken.

ART. 2.

Les adhérents à l'Association du Familistère,

Avec la pleine connaissance des devoirs qu'ils s'imposent,

Par l'effet de leur libre volonté,

Et de leur consentement consciencieusement donné pour eux et leurs ayants droit,

Sous l'engagement d'honneur de s'abstenir de tout acte de nature à contrarier l'essor de l'œuvre et à en compromettre le développement,

Se donnent pour règle les Statuts et règlements suivants :

TITRE DEUXIEME

Définition de l'Association

Art. 3. (1)

L'Association entre travailleurs et capitalistes, fondée au **Familistère de Guise**, par l'initiative de M. Godin, prend la dénomination de :

SOCIÉTÉ DU FAMILISTÈRE DE GUISE

ASSOCIATION COOPÉRATIVE DU CAPITAL ET DU TRAVAIL

Sous la raison sociale : GODIN et Cie

La Société est en commandite simple.

Art. 4.

L'Association a pour but d'organiser la solidarité entre ses membres par le moyen de la participation du capital et du travail dans les bénéfices, selon les conditions prévues par les présents Statuts.

Art. 5. (2)

Elle a pour objet :

L'exploitation locative de l'immeuble constituant le **Familistère** ;

---

(1) — Depuis la mort du Fondateur, la raison sociale est devenue :

Ancienne Maison GODIN

SOCIÉTÉ DU FAMILISTÈRE DE GUISE

Association coopérative du capital et du travail

Actuellement et depuis l'assemblée générale du 1er juillet 1888

DEQUENNE & Cie

(2) — Modification suivant délibération de l'Assemblée générale du 15 novembre 1885.

L'exploitation commerciale de ses magasins et débits et de toute industrie occupant les membres et la population féminine de la Société ;

L'exploitation industrielle des usines et fonderies appartenant au Fondateur et situées à Guise et à Laeken-lez-Bruxelles (Belgique).

ART. 6.

Le siège de l'Association est au **Familistère de Guise.**

ART. 7.

La durée de l'Association est de quatre-vingt-dix-neuf ans à dater de sa constitution définitive fixée au jour de la date des présents Statuts, avec la possibilité d'être pro.ogée selon les prescriptions de l'article 138.

ART. 8. (1)

L'Association se compose :

1° Des personnes des deux sexes qui, après avoir adhéré aux présents Statuts, coopèrent aux travaux et opérations de l'Association ou acquièrent une ou plusieurs des parts d'intérêt représentant le fonds social ;

2° Et de toutes autres personnes qui seront ultérieurement admises selon les règles prescrites par les présents Statuts,

---

(1) — Modification suivant délibération de l'Assemblée générale du 12 février 1888.

TITRE TROISIÈME

Du Personnel

CHAPITRE I

**Catégories. — Conditions générales d'admission.
Formes de l'adhésion.**

ART. 9. (¹)

L'Association comprend, des membres aux titres suivants :

1º Associés ;
2º Sociétaires ;
3º Participants ;
4º Intéressés ;

Ces titres et qualités s'acquièrent dans les formes et conditions déterminées par les présents Statuts. Ils reposent sur la différence des mérites et des services rendus dans l'Association. Ils donnent des droits différents dans la Société et dans le partage des bénéfices.

Les droits et les devoirs de ces divers membres de l'Association sont incrits :

Pour les Associés . . . Art. 10, 14, 15, 24 à 28 ;
   les Sociétaires . . 10, 17, 19, 20, 24 à 28 ;
   les Participants . . 10, 18, 19, 20, 24 à 27 ;
   les Intéressés. . . 29 à 32.

L'Association emploie, en outre, comme auxiliaires, des employés et des ouvriers dont la situation est fixée art. 34 à 36.

---

(1). — Modification suivant délibération de l'Assemblée générale du 12 février 1888.

ART. 10.

Les conditions générales pour être admis dans l'Association à l'un quelconque des titres d'associé, de sociétaire ou de participant sont :

1° D'être d'une moralité et d'une conduite irréprochables ;

2° D'adresser à l'Administrateur-Gérant une demande d'admission, sur une formule délivrée dans les bureaux de l'Association, laquelle demande doit contenir tous les renseignements exigés sur le postulant ;

3° De prendre connaissance des présents Statuts et des règlements qui y sont annexés et d'adhérer expressément aux dispositions qu'ils renferment.

ART. 11. (¹)

L'adhésion aux Statuts et règlements particuliers et l'engagement d'en observer religieusement les dispositions, donnés par tout membre de l'Association, associé, sociétaire ou participant, sont constatés dans les procès-verbaux des séances de réception sur un livre affecté à cet usage.

Le procès-verbal de réception est lu séance tenante ; il est approuvé et signé du membre admis, ou si ce dernier ne sait pas écrire, mention est faite de son empêchement.

Les procès-verbaux de réception sont transcrits et signés sur deux registres déposés :

Le premier dans les archives sociales,

Le second en lieu convenable pour être consulté par les membres de l'Association quand ils le désirent.

---

(1). — Modification suivant délibération de l'Assemblée générale du 12 février 1888.

CHAPITRE II

̓Art. 12.

Du Fondateur

Le Fondateur, en cette qualité, se réserve expressément les droits suivants :

1° D'accepter ou rejeter les nominations au tire d'associé, de sociétaire ou de participant ;

2° De nommer au titre d'associé, de sociétaire ou de participant ceux qu'il en juge dignes et qui remplissent les conditions statuaires d'admission autres que celles fixées art. 14, 2°, 3°, 6°; art. 17, 2° et 4°; art. 18, 2° et 3° ;

2° D'abréger, en faveur de ceux qu'il en juge dignes, les délais fixés aux présents Statuts pour être admis aux différents titres d'associé, de sociétaires ou de participant ;

4° D'être à vie Administrateur-Gérant avec faculté de désigner son successeur, soit de son vivant, soit par voie testamentaire ;

5° D'appeler au premier Conseil de Gérance trois associés qui tiennent la place des conseillers élus prescrits par l'article 82, et dont le mandat expire comme il est dit au titre douzième (art. 140);

6° De proposer des modifications aux présents Statuts sous réserve des prescriptions de l'art. 138, mais sans être astreint à la clause de cet article qui veut que la demande de révision soit écrite, motivée et signée des deux tiers des associés.

Art. 13.

Les droits particuliers réservés au Fondateur par l'article précédent ne passent, en aucun cas, à ses héritiers ou ayants droit.

L'acquisition par voie héréditaire ou autrement de tout ou partie des apports du Fondateur ne confère pas au nou-

veau possesseur le droit de s'immiscer dans les opérations
sociales ; il devient simple intéressé commanditaire et n'a
que le droit de tirer de ses titres, dans les conditions
prévues art. 91, les mêmes avantages pécuniaires qu'en
aurait tirés le Fondateur.

CHAPITRE III

Des Associés

Art. 14. (¹)

Les associés sont les membres de l'Association qui, outre
les conditions générales énumérées (art. 10), remplissent les
conditions particulières suivantes :

1° Être âgé d'au moins vingt-cinq ans ;

2° Résider depuis cinq ans dans les locaux de la Société
du Familistère ;

3° Participer au moins depuis le même temps aux travaux et opérations qui font l'objet de l'Association ;

4° Savoir lire et écrire ;

5° Être possesseur d'une part du fonds social s'élevant
au moins à 500 francs ;

6° Être admis par l'Assemblée générale des associés.

Les conditions prescrites nᵒˢ 2, 3, 6, ne sont pas obligatoires pour le membre appelé à la qualité d'associé en vertu
des droits réservés au Fondateur par l'art. 12.

Art. 15.

Les associés ont la priorité sur tous les autres membres
de l'Associotion pour être occupés en cas de pénurie de
travaux.

Ils participent à la répartition des bénéfices conformément aux articles 128 et 129.

---

(1). — Modification suivant délibération de l'Assemblée générale du
15 novembre 1885.

Ils composent les Assemblées générales et prennent part aux votes de ces assemblées.

Ils jouissent des avantages attachés à l'habitation du Familistère. (Voir en outre l'art. 24.)

L'associé forcé par l'âge, la maladie ou les infirmités, de cesser de prendre part aux travaux de l'Association, continue à jouir des avantages résultant de l'habitation sociétaire, conformément aux règlements, avec le droit de siéger et de voter aux Assemblées générales.

ART. 16. (1)

Les associés sont inscrits, selon l'ordre de leur admission, sur le registre spécial contenant la liste des membres de l'Association de cette catégorie.

CHAPITRE IV

Des Sociétaires

ART. 17. (2)

Les sociétaires sont les membres de l'Assocition qui, outre les conditions générales énumérées art. 10, remplissent les conditions particulières suivantes :

1º Etre âgé d'au moins vingt et un ans et libéré du service militaire dans l'armée active ;

2º Travailler au service de l'Association depuis trois ans au moins ;

3º Habiter les locaux de la société du Familistère.

4º Être admis par le conseil de Gérance et l'Administrateur-Gérant.

---

(1). — Modification suivant délibération de l'Assemblée générale du 15 novembre 1885.

(2) Modification suivant délibération de l'Assemblée générale du 15 novembre 1885.

Les sociétaires peuvent, mais sans que cette condition soit obligatoire, posséder une part du fonds social.

Les conditions prescrites nᵒˢ 2 et 4 ne sont pas obligatoires pour le membre appelé à la qualité de sociétaire, en vertu des droits réservés au Fondateur par l'art. 12.

CHAPITRE V

Des Participants

Art. 18. (¹)

Les participants sont les membres de l'Association qui, outre les conditions générales énumérées article 10, remplissent les conditions particulières suivantes :

1° Etre âgé d'au moins vingt et un ans et libéré du service militaire dans l'armée active;

2° Travailler au service de l'Association depuis un an au moins ;

3° Etre admis par le Conseil de Gérance et l'Administrateur-Gérant.

Les participants peuvent ou non habiter les locaux de la société du Familistère et posséder une part du fonds social.

Les conditions prescrites nᵒˢ 2 et 3 ne sont pas obligatoires pour le membre appelé à la qualité de participant, en vertu des droits réservés au Fondateur par l'art. 12.

---

(1) Modification suivant délibération de l'Assemblée générale du 15 novembre 1885.

CHAPITRE VI

Dispositions communes aux Sociétaires et aux Participants.

ART. 19.

Le sociétaire et le participant prennent part aux bénéfices.
(Articles 128, 129. Voir en outre l'article 24.)

ART. 20. (1).

L'admission ou le rejet des postulants au titre de sociétaire ou de participant est mentionné au procès-verbal de la séance du Conseil de Gérance, avec indication du titre conféré ou refusé.

Les sociétaires et les participants sont inscrits, selon l'ordre de leur admission, sur un registre spécial, en deux listes distinctes.

ART. 21.

La qualité de sociétaire et celle de participant, ainsi que les droits qui s'y rattachent, peuvent être suspendus par l'Administrateur-Gérant, avis pris du Conseil de Gérance, lorsque, pour cause de manque d'ouvrage, il y a dans l'intérêt de l'Association nécessité de congédier les travailleurs, employés ou ouvriers.

ART. 22.

En cas de chômage pour manque d'ouvrage, les sociétaires ont, après les associés, privilège pour le travail sur tous les autres membres de l'Association ; les participants ont la priorité sur les auxiliaires. (Art. 34)

Les congés sont d'abord donnés aux auxiliaires, en com-

---

(1) Modification suivant délibération de l'Assemblée Générale du 15 novembre 1885.

mençant par les derniers inscrits et en remontant aux plus anciens, puis, dans le même ordre, aux participants et enfin aux sociétaires.

Néanmoins, quant à l'ordre des congés à donner, le Conseil de Gérance dans les avis qu'il émet et l'Administrateur-Gérant dans les décisions qu'il prend, peuvent tenir compte des besoins des familles et des besoins de l'industrie.

Art. 23.

Des registres spéciaux sont tenus pour l'inscription des congés et départs.

Le sociétaire ou le participant congédié pour manque d'ouvrage reprend en rentrant dans l'association son droit d'ancienneté.

Le sociétaire ou le participant qui a volontairement quitté l'Association n'y peut être réadmis que comme nouveau venu.

CHAPITRE VII

Dispositions communes aux Associés, aux Sociétaires et aux Participants.

Art. 24.

Les associés, sociétaires et participants ont droit aux garanties qui leur sont offertes, selon leur qualité, par les Institutions de prévoyance. (Art. 118 à 124.)

Art. 25. (1).

L'associé.et le sociétaire conservent la liberté de renoncer à l'habitation dans les locaux de la société du Familistère ; mais en quittant ces locaux ils perdent la qualité d'associé

____

(1) Modification suivant délibération de l'Assemblée Générale du 15 novembre 1885.

ou de sociétaire pour devenir simples participants. (Art. 18).

¦ L'associé ou le sociétaire qui cesse à la fois d'habiter les locaux de la société du Familistère et de prendre part aux travaux de l'association, de même que le participant qui cesse de coopérer aux travaux, ne conservent que les droits attachés à la possession des parts d'intérêt qui leur appartiennent. (Art. 29 à 33.)

L'associé, le sociétaire et le participant obligés de s'absenter pour satisfaire aux lois du service militaire dans la réserve ou dans l'armée territoriale reprennent, en rentrant dans l'Association, leurs qualités et rangs d'inscription, si cette rentrée s'effectue dans les deux mois qui suivent leur libération.

CHAPITRE VIII

Des Exclusions.

Art. 26. (¹).

L'associé, le sociétaire ou le participant peut perdre sa qualité et les droits qui s'y rattachent pour l'une des causes ci-après :

1º Ivrognerie ;

2º Malpropreté de la famille et du logis gênante pour les habitants des locaux de la société du Familistère ;

3º Actes d'improbité ;

4º Inassiduité au travail ;

5º Indiscipline, désordre ou actes de violence ;

6º Infraction à l'obligation de donner l'instruction aux

---

(1) Modification suivant délibération de l'Assemblée Générale du 15 novembre 1885.

enfants dont il a la responsabilité à un titre quelconque;
(Règlement, 3° partie, art. 99.)

7° Tenue de débit de boissons sans l'assentiment de la
Société.

ART. 27.

L'exclusion d'un associé ne peut être prononcée que sur
la proposition du Conseil de Gérance prise à la majorité des
deux tiers des membres du Conseil.

Elle ne devient définitive qu'après décision conforme de
l'Assemblée générale, statuant à la majorité d'au moins les
deux tiers des membres présents.

L'exclusion d'un sociétaire ou d'un participant est prononcée par le Conseil de Gérance à la majorité des voix.

Les exclusions sont notifiées par l'Administrateur-Gérant
aux membres exclus.

ART. 28.

Le membre exclu, associé, sociétaire ou participant, passe
dans la catégorie des simples titulaires de parts d'intérêt.
Ses droits acquis au titre qu'il a perdu sont arrêtés au jour
de son exclusion, pour déterminer les bases du dividende
à lui revenir lors de la répartition des bénéfices de l'année
courante.

CHAPITRE IX

Des Intéressés.

ART. 29.

Sont désignées sous le nom d'Intéressés les personnes qui
sont membres de l'Association seulement parce qu'elles possèdent, par héritage, achat ou toute autre voie, des parts du
fonds social.

Les Intéressés n'ont pas d'autre droit que celui fixé par
l'article 31.

CHAPITRE X

Des possesseurs du fonds social.

Art. 30 (1)

Le fonds social appartient aux possesseurs d'apports ou d'épargne et leurs droits sont représentés, selon leur origine, par des certificats d'apports ou d'épargne, ainsi qu'il est réglé articles 48 et suivants.

Aucun membre en aucun cas ne peut prétendre, avant la dissolution de la Société, à une part du capital social supérieure au total de ses certificats d'inscription d'apports ou d'épargnes.

Art. 31. (2).

Tout propriétaire de certificat d'apport ou d'épargne a droit à un intérêt maximum de cinq pour cent du montant de ses apports ou épargnes ; cet intérêt lui est payé avant tout partage de bénéfices comme constituant le salaire du concours du capital.

Toutefois, si les résultats d'un exercice annuel ne suffisent pas pour assurer le service de tout ou partie des intérêts du fonds social, le possesseur d'apports ou d'épargne ne reçoit pas d'intérêts ou ne reçoit que le prorata d'intérêts qu'il est possible de servir selon le cas, sans aucun droit de répétition sur les exercices suivants.

Enfin les intéressés prennent part à la répartition des bénéfices nets (art. 128) proportionnellement à l'importance des intérêts auxquels ils ont droit.

---

(1) Modification suivant délibération de l'Assemblée générale du 15 novembre 1885.

(2) Modification suivant délibération de l'Assemblée générale du 15 novembre 1885.

Art. 32.

Il est expressément stipulé que l'Association est représentée par ses seuls membres associés et que les parts du fonds social, constatées par les certificats d'inscription d'apport ou d'épargne, ne confèrent à leurs possesseurs aucun droit personnel d'immixtion dans les Conseils et les affaires du Familistère, des usines ni de l'Association.

Toute acquisition de certificats d'apport ou d'épargne par substitution, héritage ou toute autre voie entraine de la part du nouveau possesseur l'acceptation de la représentation de ses droits par l'Assemblée générale des associés et par le Conseil de Surveillance dans toutes les opérations sociales, y compris celles de contrôle et de reddition de comptes prévues articles 57 à 71.

Afin que nul n'en ignore, le présent article est compris aux dispositions statutaires imprimées sur les certificats d'inscription d'apport ou d'épargne.

Art. 33. (¹)

L'Association se réserve expressément le droit de désintéresser tout possesseur d'apport ou d'épargne en le remboursant au pair.

Ce droit s'exerce par un vote de l'Assemblée générale des associés sur la proposition du Conseil de Gérance (art. 59 et 99).

L'Association se réserve expressément le droit de désintéresser, intégralement ou partiellement, tout possesseur d'apports ou d'épargnes en lui remboursant au pair tout ou partie des titres dont il est possesseur (art. 54 et 56).

Tout possesseur de certificats d'inscription d'apports ou d'épargnes ainsi désintéressé ne conserve aucun droit sur le fonds de réserve, ni sur les fonds des assurances mutuelles. Par contre, il est exonéré de toute responsabilité quand aux

---

(1) *Modification suivant délibération de l'Assemblée générale du 15 novembre 1885.*

pertes qui pourraient être constatées postérieurement au remboursement de ses certificats d'inscription d'apports ou d'épargnes.

En dehors des conversions prévues art. 44, la Société ne pourra revendre les titres ainsi rachetés, sinon à des personnes membres de l'Association en qualité d'associé, de sociétaire ou de participant, et après décision de l'Assemblée générale autorisant le transfert au nom du titulaire proposé. (art. 59.)

CHAPITRE XI
Des Auxiliaires.

ART. 34.

L'Association peut occuper en qualité d'auxiliaires salariés des ouvriers et des employés de tous ordres, sans qu'ils aient qualité ni d'associés, ni de sociétaires, ni de participants.

Les employés supérieurs peuvent eux-mêmes être engagés à ce titre.

L'Association fait avec ceux qu'elle emploie ainsi des conditions en conséquence.

ART. 35.

Les auxiliaires sont, au fur et à mesure de leur admission dans les ateliers ou bureaux de l'Association, inscrits sur un registre spécial.

ART. 36.

Outre leur salaire, les auxiliaires jouissent des avantages qui leur sont offerts par les Assurances mutuelles. (Art. 119, 120.)

Ils peuvent, après avoir rempli les conditions exigées, être admis dans l'Association, d'abord comme participants ou comme sociétaires, ensuite comme associés. (Art. 10.)

Les auxiliaires peuvent, sur leur demande, être admis par le Conseil de Gérance à habiter le Familistère.

TITRE QUATRIÈME
Du Fonds social.

CHAPITRE I
Composition du Fonds social.

ART. 37.

Le fonds social se compose à l'origine des apports statutaires du Fondateur.

M. Godin, Fondateur de l'Association, fait à lui seul l'apport du fonds social, afin de régler les obligations et les droits du capital pendant toute la durée de la Société.

SECTION I
Des apports statutaires du Fondateur.— De leur évaluation

ART. 38.

Les apports statutaires du Fondateur consistent dans :

1° Le Familistère de Guise, ses dépendances, son matériel ;

2° Son usine de Guise, ses dépendances, son matériel, ses modèles et la jouissance exclusive pendant toute leur durée des brevets et additions qui s'y rattachent, ainsi que le port de Longchamps avec ses charges et obligations ;

3° Son usine de Laeken, ses dépendances, son matériel, ses modèles et la jouissance exclusive pendant toute leur durée des brevets et perfectionnements qui s'y rattachent.

Les terrains et constructions constituant le Familistère et les deux usines sont décrits et désignés dans un recensement en date du trente juin mil huit cent quatre-vingt, et un plan de même date, annexés aux présents statuts, sous les cotes 1 et 2.

Les matériels et modèles sont apportés tels qu'ils sont constatés dans les inventaires de Guise, clos le trente juin mil huit cent soixante-dix-neuf, et de Laeken, clos le même jour, consignés dans les livres desdites usines et dans les albums de l'année et vérifiés par l'inventaire de mil huit cent quatre-vingt ;

4° Les marchandises, matières premières et produits ouvrés existant au jour de la constitution définitive de l'Association et repris par elle pour leur valeur constatée aux livres des trois établissements ;

5° Les marchés, traités et commandes relatifs aux opérations de l'Association, tels qu'ils se trouvent en sa possession à la même date ;

6° La somme de trois cent cinquante-cinq mille six cent quatre francs trente-neuf centimes, en espèces et valeurs.

Art. 39.

Les apports désignés sous les nᵒˢ 1, 2 et 3 de l'article précédent représentent la somme de deux millions deux cent quatre-vingt-huit mille trois cent quatre-vingt-trois francs quarante-quatre centimes, calculée en prenant pour base les prix d'acquisition des immeubles, les dépenses de construction et d'entretien des bâtiments et de création du matériel, le tout diminué annuellement, à partir de 1857, d'un amortissement de dix pour cent pour le matériel et de cinq pour cent pour les constructions et dépenses d'entretien. Au résultat de ces calculs sont ajoutés, pour faire la dite somme, le prix de revient des modèles amorti à dix pour cent, les dépenses, amorties au même taux, faites pour l'étude des brevets et les redevances payées jusqu'à ce jour pour ces derniers.

Les apports désignés sous le nᵒ 4 représentent la somme de un million neuf cent cinquante-six mille douze francs dix-sept centimes, calculée d'après la valeur pour laquelle ils sont portés dans les livres de la comptabilité.

Les apports désignés sous le n° 5 ne sont l'objet d'aucune évaluation.

ART. 40.

En conséquence, l'ensemble des apports statutaires du Fondateur énumérés article 38, y compris la somme qui fait l'objet du n° 6, est fixé à la somme de quatre millions six cent mille francs et forme le montant du capital social à ce jour.

ART. 41.

Les apports du Fondateur sont faits sous les conditions suivantes :

1° L'Association prend les immeubles et leurs accessoires dans l'état où ils se trouvent au jour de l'entrée en jouissance, sans aucun recours pour n'importe quelle cause que ce soit.

2° Elle acquitte, à partir du même jour, les redevances annuelles pour les brevets, ainsi que les impôts grevant lesdits immeubles et l'industrie qui y est exploitée ; elle prend à sa charge tous traités et contrats qui s'y rattachent, et en assure l'exécution.

3° Elle supporte les servitudes passives, apparentes ou occultes dont lesdits immeubles peuvent être grevés, et jouit des servitudes actives, le tout sans recours contre le Fondateur.

4° Les marchés, traités et commandes énoncés au n° 5 de l'article 38 lui sont remis à la condition de prendre, à la décharge du Fondateur, la responsabilité de leur exécution.

5° Elle prend possession et entre en jouissance de l'ensemble des apports statutaires du Fondateur le jour de sa constitution définitive aux termes de l'article 7 ;

6° Le même jour, le Fondateur lui a fait la remise des titres de propriété des immeubles ainsi que des marchés, traités et commandes intéressant l'industrie.

Il lui remet également les livres de la comptabilité tant du Familistère que des usines.

Les brevets, certificats d'additions et de perfectionnements restant la propriété du Fondateur, ne sont remis à la
Société qu'à titre de dépôt; des conventions ultérieures devant
déterminer ceux que le Fondateur cédera définitivement à
la Société.

SECTION II
Modifications du Fonds social.— Remboursement des Titres primitifs.— Rachat par la société.

ART. 42. (1)

Si l'Administrateur-Gérant, avis pris du Conseil de Gérance, juge nécessaire l'augmentatiou du fonds social, ce
fonds peut chaque année, quand il y a lieu à répartition de
bénéfices, être augmenté du montant des parts de bénéfices
et dividendes attribués en litres d'épargne aux divers membres de l'Association, par les articles 128 et 129.

Toutefois l'augmentation du fonds social par ce moyen ou
par tout autre est soumis à l'Assemblée générale dont la
sanctiou est indispensable. (St. art. 59)

ART. 43.

Si l'augmentation du capital social n'est pas jugée nécessaire, les mêmes parts de bénéfices et dividendes sont appli-
qués au rachat : 1° des titres d'apports, lesquels sont annulés
et remplacés par des titres d'épargne au profit des ayants
droit en représentation de leurs dividendes ainsi employés;
2° des titres d'épargne.

ART. 44. (2)

Afin d'assurer la transmission successive du fonds social
aux mains des coopérateurs, et de perpétuer les forces de

---

(1) Modification suivant délibération de l'Assemblée générale du 15 novembre 1885.

(2) — Modification suivant délibération de l'Assemblée générale du 15
novembre 1885.

l'œuvre commune au service de ceux qui la soutiennent et la font vivre, le remboursement des parts ou titres d'apports se fait en commençant par ceux dont le Fondateur ou ses héritiers sont possesseurs ; il se continue par ceux des possesseurs substitués à ceux-ci dans le cas prévu art. 52, c'est-à-dire dans l'ordre d'inscription des sommes acquises, suivant les dates portées aux livres de la comptabilité sociale.

Le remboursement des certificats d'inscriptions d'épargne a lieu ensuite par ordre d'ancienneté des titres originaires.

Tant qu'il existera entre les mains de qui que ce soit des titres d'apports non convertis en titres d'épargnes, même en celles de l'Association qui les aurait rachetés suivant le mode prescrit par l'art. 33 ou suivant tout autre mode, ces titres conserveront au profit de qui les possédera les droits et obligations qui y sont attachés et resteront soumis à la conversion en titres d'épargnes, comme s'ils étaient restés en la possession du Fondateur, conformément aux dispositions des deux premiers paragraphes du présent article et dans l'ordre qui y est prescrit, sauf le cas réservé art. 43.

ART. 45.

Le remboursement est effectué en même temps que le paiement des intérêts. Faute par le titulaire de remettre son titre, le montant de la somme à lui due est déposé, après offres réelles, à la Caisse des dépôts et consignations, avec les intérêts qui lui sont dus.

ART. 46.

(Abrogé suivant délibération de l'Assemblée générale du 1ᵉʳ Octobre 1882.)

CHAPITRE II

**Division du Fonds social.— Des Certificats d'inscription.
De leur transmission.**

ART. 47.

Les apports statutaires du Fondateur, ainsi que les épargnes échues en dividendes aux travailleurs et retenues
pour l'augmentation du fonds social aux termes de l'article
42, sont consignés sur les livres de la Société au crédit de
chacun des ayants droit, et les substitutions ou remboursements portés à leur débit.

Il est en outre délivré aux titulaires des certificats d'inscription représentant le montant de leurs droits, à l'exception du Fondateur, auquel est remis l'un des originaux du
présent acte pour lui tenir lieu de certificat d'inscription de
ses apports statutaires.

ART. 48.

Les certificats d'inscription sont de deux sortes et désignés
sous les noms de :

Certificats d'apport pour ceux représentant le capital de
fondation,

Certificats d'épargne pour ceux représentant les dividendes
échus à titre de travail.

ART. 49. (1)

Les certificats d'inscription d'apports et les certificats d'inscription d'épargnes, sont des extraits de compte, représentant
les parts d'intérêt inscrites au nom de chacun des ayants
droit.

Ces certificats subissent les augmentations et les diminu-

---

(1) — Modification suivant délibération de l'Assemblée générale du 15
novembre 1885.

tions du compte du titulaire, à mesure qu'elles se produisent; mais tout changement est revêtu de la signature de l'Administrateur-Gérant ou de son fondé de pouvoirs ; il est également mentionné à la souche et porte la signature du délégué du Conseil de surveillance (art. 109). La dernière somme consignée sur un certificat d'épargnes exprime toujours la part d'intérêt que représente ce certificat au profit du titulaire.

ART. 50.

Les certificats d'apport et d'épargne sont détachés de deux registres à souche distincts :

Ils sont nominatifs ;

Ils portent le numéro et le folio du compte du titulaire ;

Ils sont timbrés du sceau de l'Association et revêtus des signatures de l'Administrateur-Gérant et d'un membre du Conseil de Surveillance délégué à cet effet par le Conseil.

ART. 51.

Le titulaire a la faculté de faire diviser tout ou partie de ses apports en se conformant à l'article 49.

La division d'un certificat en plusieurs titres donne lieu au payement d'un franc par chaque division du titre.

La délivrance de titres en duplicata donne lieu au même payement.

ART. 52.

La Société du Familistère étant surtout fondée en vue de consacrer les droits du travail et d'améliorer la condition du travailleur, les parts d'intérêts constatées par les certificats d'apport ou d'épargne ne sont pas cessibles par voie de transfert ni à des tiers étrangers à la Société.

Néanmoins et sans avoir à intervenir dans les arrangements particuliers entre les tiers et le titulaire d'un certificat d'apport ou d'épargne, la Société peut admettre celui-ci à se substituer en tout ou en partie un autre titulaire avec l'agrément du Conseil de Gérance.

La demande de substitution est adressée à l'Administrateur-Gérant, qui saisit de la question le Conseil de Gérance.

L'agrément de ce Conseil obtenu, le substituant remet à l'Administrateur-Gérant son certificat d'apport ou d'épargne bien et dûment quittancé. En échange de ce titre et si la substitution est intégrale, il est remis au substitué, dans la forme prescrite par l'article 50, un certificat emportant en principal et accessoires les mêmes droits que celui du substituant. Si la substitution n'est que partielle, il est remis au substitué un certificat de l'importance de la substitution et au substituant un nouveau certificat de ce dont il reste titulaire en apports ou épargne.

Mention de la substitution est faite aux souches de l'ancien et du ou des nouveaux certificats, et le premier reste en possession de la Société comme preuve de sa libération envers le substituant.

Un compte est ouvert dans la comptabilité sociale au nom du substitué portant à son crédit le montant du titre qui lui est délivré; le compte ouvert au substituant est débité de la même somme et soldé et clos, si la substitution comprend tout son crédit, ou balancé jusqu'à concurrence du montant de cette substitution.

Art. 53. (¹)

En cas de substitution partielle dans les apports du Fondateur, il est dispensé de remettre et de faire renouveler son titre ; il suffit que l'opération soit consignée dans la comptabilité comme il est dit à l'article précédent, et qu'en marge du titre il soit fait mention des écritures passées avec indication du registre et des folios où elles sont inscrites. Cette mention est revêtue des signatures prescrites par l'article 50.

---

(1) — Modification suivant délibération de l'Assemblée générale du 15 novembre 1885.

Art. 54. (1)

Dans le cas où le titulaire d'un certificat d'apports ou d'épargnes désintéressé, en vertu de l'art. 33, ou ses héritiers ou ayants droit ou ayants cause refuseraient de rendre le certificat, le titre est annulé et l'Association libérée envers le titulaire ou ses ayants droit par l'offre réelle suivie du dépôt à la caisse des Dépôts et consignations des sommes déterminées à l'art. 33, sans autre procédure ni formalité.

Mention de cette annulation est faite à la souche du titre annulé et au compte particulier du titulaire.

Art. 55.

Le titulaire d'un certificat d'apport ou d'épargne qui a perdu son certificat peut s'en faire délivrer un duplicata.

Ce duplicata porte la mention : « *En remplacement du* « *certificat primitif N°* . »

La même mention est inscrite à la souche du duplicata, et la délivrance de ce duplicata est mentionnée à la souche du certificat primitif, avec déclaration que ce dernier est annulé.

Le duplicata est établi et délivré dans la forme prescrite par l'article 50.

Art. 56.

Les droits et obligations attachés à la possession d'un ou de plusieurs certificats d'inscription d'apport ou d'épargne suivent le titre, en quelques mains qu'il passe.

---

(1) — Modification suivant délibération de l'Assemblée générale du 15 novembre 1885.

TITRE CINQUIÈME

Des Assemblées générales

CHAPITRE 1

**Composition. — Différentes sortes d'Assemblées générales.
Attributions. — Réunions.**

ART. 57.

L'Assemblée générale est composée des membres de l'Association au titre d'associé.

ART. 58.

Les Assemblées générales se réunissent en séances ordinaires ou extraordinaires.

ART. 59. (1)

L'Assemblée générale a pour mission de veiller à tous les intérêts de l'Association.

Elle a pour attributions :

1° La nomination des membres électifs du Conseil de Gérance, selon les dispositions des articles 84, 85 ;

Admissibilité de nouveaux chefs de fonctions à la qualité de conseiller de Gérance, dans les cas prévus art. 82, 12°, 4° paragraphe.

2° L'élection, au scrutin secret et à la majorité absolue des votants, de trois Commissaires Rapporteurs formant le Conseil de surveillance ;

Ces trois Commissaires sont choisis parmi les associés et doivent être pris en dehors du Conseil de Gérance.

---

(1) Modification suivant délibération de l'Assemblée Générale du 15 novembre 1885.

3° Nomination et révocation de l'Administrateur-Gérant dans les cas prévus articles 75 à 79 ;

4° Remplacement dans le Conseil de Gérance des membres élus, sortants, décédés ou démissionnaires ;

5° Admission ou rejet des postulants au titre d'associé, sauf réserve des droits du Fondateur (art. 12) ;

6° Exclusion d'un associé ;

7° Sanction des modifications proposées aux règlements particuliers des Assurances mutuelles (2° partie) pour leur donner force obligatoire ;

8° Modifications proposées aux présents Statuts, sous réserves des dispositions de l'article 138 ;

9° Opportunité de la dissolution de l'Association dans le cas prévu articles 135 à 137 ;

10° Remboursement des titres d'apports ou d'épargnes dans le cas prévu art. 33 et revente de ces titres ;

11° Opportunité d'augmenter le fonds social dans le cas prévu art. 42 ;

12° Ratification du choix des candidats à présenter aux Écoles de l'État ou à entretenir dans ces écoles (st. art. 128 ; règl. art. 100).

Art. 60.

L'Assemblée générale ordinaire reçoit communication du bilan de fin d'année.

Elle entend le rapport annuel de l'Administrateur-Gérant (art. 73) sur la situation morale, industrielle et financière de l'Association.

Elle entend aussi le rapport du Conseil de Surveillance sur le même sujet.

Elle approuve ces rapports, s'il y a lieu.

Art. 61.

Les Assemblées générales ordinaires ou extraordinaires donnent leur avis sur tout ce qui est mis à leur ordre du jour dans l'intérêt de l'Association, et notamment sur les sujets suivants :

Acquisitions, constructions et aliénations d'immeubles,

Emprunts hypothécaires ou autres,

Établissement de nouveaux ateliers,

Toutes dépenses importantes en dehors des opérations ordinaires de l'Association dépassant les sommes produites par les prélèvements prescrits article 127,

Moyens de couvrir ces dépenses.

ART. 62.

Les Assemblées générales ordinaires ont lieu une fois par an, au plus tard le premier dimanche d'octobre.

Les Assemblées générales extraordinaires sont convoquées chaque fois que le réclame l'intérêt de l'Association.

CHAPITRE II

Convocations. — Ordres du jour. — Tenue des Séances. Nombre de voix. — Scrutins. — Procès-Verbaux.

ART. 63.

Les Assemblées générales ordinaires et extraordinaires sont convoquées par les soins de l'Administrateur-Gérant, sauf les cas prévus art. 75 et 79.

Les convocations en Assemblée générale sont faites par voie d'affiches dans le Familistère et les ateliers de l'Association.

Les affiches sont placardées dix jours au moins avant la réunion.

Elles indiquent le lieu, le jour et l'heure de la réunion, ainsi que les objets à l'ordre du jour.

ART. 64.

L'ordre du jour est arrêté par l'Administrateur-Gérant, avis pris du Conseil de Gérance.

Toute proposition de mise à l'ordre du jour est déposée entre les mains du Président du Conseil de Gérance, qui décide s'il y a lieu de convoquer une Assemblée générale extraordinaire ou de porter la question à l'ordre du jour de la prochaine Assemblée ordinaire.

Les Assemblées générales ne peuvent délibérer sur aucun sujet en dehors de leur ordre du jour.

ART. 65.

Le Président et les membres du bureau du Conseil de Gérance composent le bureau des Assemblées générales.

L'appel des associés est fait à l'ouverture de la séance.

La présence d'au moins les trois quarts des associés est nécessaire pour la validité des scrutins et délibérations de l'Assemblée générale. Les Associés représentés (art. 70) comptent comme membres présents.

Cette condition est constatée par une liste de présence qui demeure annexée au procès-verbal.

ART. 66.

Lorsque sur une première convocation les conditions de l'article précédent ne sont pas remplies, l'Assemblée s'ajourne jusqu'à une nouvelle convocation faite dans les conditions de l'article 63.

Cette seconde réunion a lieu quinze jours au moins après la première et a le même ordre du jour. Dans le cas d'une Assemblée générale ordinaire, si la seconde réunion ne se compose pas encore des deux tiers des associés, l'Assemblée délibère et le scrutin est valable s'il réunit la majorité des deux tiers des membres présents.

Lorsqu'il s'agit d'une Assemblée générale extraordinaire, les questions portées à l'ordre du jour sont ajournées à six mois.

Art. 67.

Tout membre de l'Assemblée générale n'a droit qu'à une
voix, sauf le cas prévu article 70.

Art. 68.

Les décisions des Assemblées générales, autres que les
élections, sont prises à la majorité des deux tiers des membres présents ou régulièrement représentés. (Art. 70.)

Art. 69.

Si la majorité absolue n'est pas acquise dans les scrutins
d'élection où elle est exigée, il est procédé à un second tour
de scrutin où la majorité relative décide de la nomination.

En cas d'égalité de voix, le candidat premier inscrit sur
le livre d'ordre des associés est nommé. (Art. 16.)

Art. 70.

En cas d'empêchement, tout associé peut se faire représenter à une Assemblée générale par un mandataire ayant
personnellement le droit d'y assister, mais nul ne peut se
charger de plus d'un mandat de ce genre et par conséquent
avoir plus de deux voix à exprimer.

La délégation doit être donnée par écrit ; elle doit être
datée et signée du délégateur. Elle est jointe à la liste de
présence (art. 65).

Art. 71.

Les délibérations et les scrutins de l'Assemblée générale
sont constatés par des procès-verbaux inscrits sur un registre
spécial, folioté, dont chaque feuillet est paraphé par le Président du Conseil de Gérance.

Ils sont écrits sans laisser d'intervalles blancs entre eux.

Chaque procès-verbal est signé par le Président, le Secrétaire et les membres du Conseil de Gérance après adoption
par l'Assemblée.

Avant la clôture des séances, le Secrétaire donne lecture des notes qu'il a prises pour lui servir à rédiger le procès-verbal, afin de permettre les rectifications s'il y a lieu.

TITRE SIXIÈME

De l'Administration et des Conseils.

CHAPITRE I

De l'Administrateur-Gérant

ART. 72.

L'Association est administrée par un Gérant assisté d'un Conseil de Gérance.

L'Administrateur-Gérant a seul la signature sociale et seul il représente la société vis-à-vis des tiers.

Il ne peut faire usage de la signature sociale que pour les opérations de la Société.

Il nomme et révoque tous les employés et fonctionnaires dans les conditions des articles 112 à 116.

Il délègue à un ou plusieurs des membres du Conseil de Gérance dans l'usine de Guise, à un sous-directeur dans l'usine de Laeken, et à un Econome dans les services du Familistère, une partie de ses attributions.

Il donne, sous sa responsabilité, à chacun de ces fonctionnaires mandat de signer, sous la formule : *Par procuration de l'Administrateur-Gérant*, la correspondance et tous actes auxquels ce dernier serait dans le cas d'apposer sa signature comme Administrateur-Gérant.

Chacun de ces fonctionnaires reste sous l'autorité de d'Administrateur-Gérant, et sa signature apposée sur la correspondance ainsi que sur les actes émanés des bureaux et relatifs aux affaires industrielles et commerciales, est contre-signée par l'un des agents comptables de l'établissement auquel il est attaché.

Art. 73.

' L'Administrateur-Gérant soumet à l'Assemblée générale les questions qui sont de sa compétence exclusive. (Art. 59.)

Il rédige le rapport qu'il doit soumettre à l'Assemblée générale ordinaire (art. 60), sur la situation morale, indus-trielle et financière de l'Association et sur les propositions qui peuvent lui être déférées.

Il veille à ce que tous ces documents soient pendant les délais statutaires (art. 63), à la disposition des membres de l'Association à qui appartient le droit d'en prendre connais-sance.

Art. 74.

L'Administrateur-Gérant consulte l'Assemblée générale dans les cas spécifiés (art. 59 à 61), le Conseil de Gérance dans les cas spécifiés (art. 99 à 104), les Conseils du Fami-listère et de l'industrie dans les cas spécifiés (art. 106 et 107).

Les avis des Assemblées générales et des Conseils, tou-chant les mesures d'ordre intérieur fixées art. 59 et 99, sont obligatoires pour l'Administrateur-Gérant.

Dans tous les autres cas, celui-ci, conformément au droit qui lui appartient en vertu de la loi, demeure libre d'agir à son gré vis-à-vis des tiers, sous sa responsabilité person-nelle et sous réserves des cas de révocation prévus par l'ar-ticle 78. En conséquence, l'Administrateur-Gérant n'a jamais à justifier aux tiers des avis dont il s'agit.

Art. 75. (1)

Dans le cas où le Fondateur viendrait à décéder sans avoir désigné l'Administrateur-Gérant qui devra lui succéder, le

(1) Modification suivant délibération de l'Assemblée générale du 15 novembre 1885.

plus ancien associé, parmi les membres du Conseil de Gérance, convoque immédiatement l'Assemblée générale pour élire le nouvel Administrateur-Gérant, en le choisissant parmi les membres associés du Conseil même.

Si, après trois tours de scrutin, cette nomination ne peut être faite à la majorité absolue du nombre des associés, le conseiller qui a obtenu le plus de voix est provisoirement délégué à l'administration, avec charge de convoquer l'Assemblée générale dans le délai d'un mois, à l'effet de procéder à la nomination du Gérant définitif, lequel dans tous les cas ne peut être choisi que parmi les membres associés du Conseil de Gérance.

La majorité absolue n'est pas exigible dans cette dernière élection.

Il est expressément stipulé que le Gérant provisoire ne peut rien changer dans le personnel de l'administration. Il pourvoit provisoirement aux vacances accidentelles.

Lorsque la Société représentée par l'Assemblée générale des Associés se trouvera dans le cas de passer une convention avec son Administrateur-Gérant, elles'y fera représenter par un délégué annuellement nommé à cet effet par l'élection et dans les formes prévues par les articles 59 et 69 des statuts.

Chaque fois que ce délégué devra intervenir dans un contrat, sa mission lui sera tracée et définie par une délibération de l'Assemblée générale, à laquelle il devra se conformer sous peine de toute responsabilité.

Art. 76. (1)

Sous la Gérance des successeurs du Fondateur, dans les cas de décès, de démission, de révocation ou de retraite de l'Administrateur-Gérant, il sera procédé, pour la nomination de son successeur, comme il est dit ci-après, savoir :

---

(1) — Modification suivant délibération de l'Assemblée générale du 25 octobre 1890.

Le membre associe le plus ancien dans le Conseil de Gérance convoque immédiatement l'Assemblée générale pour élire le nouvel Administrateur-Gérant, en le choisissant parmi les membres associés du Conseil même.

Si après trois tours de scrutin, cette nomination ne peut être faite à la majorité absolue du nombre des Associés, le conseiller qui a obtenu le plus de voix, est provisoirement délégué à l'Administration, avec charge de convoquer l'Assemblée générale dans le délai d'un mois, à l'effet de procéder à la nomination du Gérant définitif, lequel dans tous les cas, ne peut être choisi que parmi les membres associés du Conseil de Gérance.

La majorité absolue n'est pas exigible dans cette dernière élection.

Il est expressément stipulé que le Gérant provisoire ne peut rien changer dans le personnel de l'Administration, il pourvoit provisoirement aux vacances accidentelles.

ART. 77.

Abrogé suivant délibération de l'Assemblée générale du 25 octobre 1890.

ART. 78.

L'Administrateur-Gérant autre que le Fondateur peut être révoqué par l'Assemblée générale des associés, sur la proposition du Conseil de Surveillance dans les cas suivants :

1° Impossibilité pour l'Association de servir deux années consécutivement aucun intérêt au capital ;

2° Pertes dépassant 50,000 francs dans des opérations faites contrairement aux avis de l'Assemblée générale ou du Conseil de Gérance ;

3° Inobservation des prescriptions relatives aux réunions des divers Conseils et Assemblées de l'Association, manque de procès-verbaux constatant leurs avis ;

4° Défaut de pourvoir aux vacances dans les emplois supérieurs dans un délai de trois mois, après sommation à lui faite par le Conseil de Gérance, d'avoir à procéder au choix des titulaires ;

5° Avoir pris ou conservé un intérêt personnel quelconque dans une entreprise ou un marché fait pour le compte de l'Association ; avoir détourné ou avoir employé à son usage personnel les fonds de l'Association.

ART. 79.

La révocation se fait contradictoirement sur un rapport rédigé par le Conseil de Surveillance, rapport dans lequel sont indiquées les causes de la demande de révocation.

Le Conseil de Surveillance présente ce rapport au Conseil de Gérance, qui convoque immédiatement l'Assemblée générale pour lui en donner connaissance.

L'Assemblée décide, à la majorité des associés inscrits au registre de l'Association, s'il y a lieu de donner suite à la demande de révocation.

Dans l'affirmative, elle nomme une Commission de cinq de ses membres, lesquels ont charge d'entendre les témoins, d'examiner les actes de l'Administrateur-Gérant, de faire enfin toutes les enquêtes nécessaires et d'en dresser rapport à l'Assemblée générale.

L'Assemblée, après avoir entendu le rapport de la Commission et ce que l'Administrateur-Gérant peut présenter pour sa justification, décide au scrutin secret et à la majorité des deux tiers des associés, si oui ou non la révocation est prononcée.

La décision est sans appel.

ART. 80. (1)

Les fonctions de l'Administrateur-Gérant sont remplies par le membre associé le plus ancien dans le Conseil de Gérance, du jour où l'Assemblée générale est convoquée pour

---

(1) — Modification suivant délibération de l'Assemblée générale du 25 octobre 1890.

statuer sur la demande de révocation jusqu'au terme de l'enquête ou jusqu'à la nomination d'un nouveau Gérant, s'il y
a lieu.

Art. 81.

Le Conseil de Surveillance arrête au jour de la révocation les comptes de la gestion du Gérant révoqué, afin
d'établir les éléments des responsabilités qui peuvent lui
incomber.

CHAPITRE II

Composition.— Organisation et fonctionnement des Conseils.

SECTION I

Conseil de Gérance.

Art. 82. (1)

Le Conseil de Gérance se compose :

1° De l'Administrateur-Gérant, Président du Conseil ;

2° De trois Associés élus au scrutin secret par tous les
associés (art. 84) ;

3° Du Directeur commercial ;

4° Du Directeur de la fabrication ;

5° Du Directeur du matériel ;

6° Du Directeur des modèles ;

7° Du Directeur de la fonderie ;

8° Du Directeur des approvisionnements ;

9° Du Chef de la comptabilité ;

10° De l'Économe chef des services du Familistère ;

11° Du Directeur des Comptabilités et du contrôle ;

12° Du Directeur de l'ajustage ;

13° Enfin de toutes les autres personnes remplissant des
fonctions dont l'importance serait telle que la présence des
titulaires au Conseil, en qualité de Conseiller serait jugée

____

(1) — Modifications suivant délibérations de l'Assemblée générale des 15
novembre 1885, et 29 janvier 1888.

par le fondateur nécessaire à la bonne administration des affaires.

Le nombre total des Conseillers de gérance par droit de fonction ne peut dépasser treize.

Les titulaires des fonctions entraînant la qualité de Conseiller de Gérance ne sont néanmoins déclarés conseillers qu'après un an de séjour dans l'association.

Sous la gérance des administrateurs autres que le Fondateur, les fonctions non énumérées dans la nomenclature ci-dessus, ou qui n'auraient pas donné lieu à la création d'un Conseiller de Gérance par le Fondateur n'entraîneront pour leur titulaire la qualité de Conseiller de Gérance qu'après stage d'un an par le titulaire dans la fonction même, et décision favorable de l'Assemblée générale des associés, votant sur la proposition de l'Administrateur-Gérant (art. 59, 1°, 2ᵐᵉ paragraphe).

Art. 83.

Les chefs de service appelés par leur fonction même à la qualité de membres du Conseil de Gérance et qui n'ont pas qualité d'associés n'ont pas droit de voter dans les cas où le scrutin est réclamé.

Art. 84. (1)

Les conseillers élus sont nommés pour un an, parmi les auditeurs (conformément aux prescriptions des art. 10 et 11 du Règlement, 3ᵉ partie) : leur mandat expire chaque année.

En cas de décès ou de démission parmi les membres élus, l'Assemblée générale est convoquée dans le délai de deux mois pour compléter le Conseil, en choisissant le titulaire parmi les auditeurs.

Le membre ainsi nommé achève le terme du mandat de son prédécesseur.

---

(1) Modification suivant délibération de l'assemblée générale du 10 août 1890

Art. 85. (1)

Dans le cas où, faute de candidats réunissant les conditions voulues, l'élection ne pourrait porter au Conseil de Gérance le nombre de membres fixé (art. 82), le concours demeurerait ouvert jusqu'à la nomination du nombre voulu de conseillers.

Les membres ainsi élus au cours d'une période annuelle achèvent le temps à courir dans la période.

Art. 86. (2)

En cas d'absence ou d'empêchement de l'Administrateur-Gérant, le Conseil de Gérance est présidé par celui des conseillers associés que l'Administrateur charge de remplir cette mission.

Art. 87.

L'Administrateur-Gérant désigne le ou les Secrétaires. (Règlement, 3e partie, art. 26.)

Art. 88.

Le Conseil de Gérance se réunit obligatoirement une fois par mois, aux jour, heure et lieu convenus, sans convocation ; il se réunit facultativement sur convocation de son Président chaque fois que le réclament l'intérêt de l'Association et l'urgence des affaires à expédier.

Pour être émis au nom du Conseil, il faut qu'un avis réunisse un nombre de voix au moins égal au deux tiers du nombre des associés du Conseil.

---

(1) Modification suivant délibération de l'Assemblée générale du 10 août 1890.

(2) Modification suivant délibération de l'Assemblée générale du 25 octobre 1890.

SECTION II

Conseils du Familistère.

ART. 89.

Le Conseil du Familistère est composé de tous les membres associés faisant partie du Conseil de Gérance.

Les chefs de fonction membres du conseil de Gérance et qui n'ont pas la qualité d'associé, peuvent, s'ils habitent le Familistère, être appelés au Conseil du Familistère, mais n'ont pas droit de voter dans les cas où le scrutin est réclamé.

ART. 90 (1)

L'Administrateur-Gérant préside le Conseil du Familistère.

En cas d'absence ou d'empéchement, il délègue ses pouvoirs à celui des conseillers associés qu'il charge de remplir cette mission.

ART. 91.

Pour être émis au nom du Conseil, il faut qu'un avis réunisse les voix de plus de moitié des membres associés du Conseil.

Si, par suite d'absence, cette majorité n'est pas acquise, la question ou proposition est renvoyée à une séance ultérieure.

Toute proposition rejetée ne peut être représentée qu'après un délai de trois mois, et que si elle a subi des modifications dans les dispositions qui l'ont fait rejeter.

---

(1) Modification suivant délibération de l'Assemblée générale du 25 octobre 1890.

SECTION III

Conseil de l'Industrie.

ART. 92.

Le Conseil de l'Industrie se compose des mêmes membres sans exception, que le Conseil de Gérance.

Tous ont voix délibérative et droit de vote dans ce Conseil.

Les membres auditeurs au Conseil de Gérance assistent en cette même qualité aux séances du Conseil de l'Industrie.

ART. 93. (1)

L'Administrateur-Gérant préside le Conseil de l'Industrie. En cas d'absence ou d'empêchement, il délègue ses pouvoirs à celui des conseillers associés qu'il charge de remplir cette mission.

ART. 94.

Pour être émis au nom du Conseil, il faut qu'un avis réunisse une majorité dépassant moitié du nombre des membres du Conseil.

SECTION IV

Dispositions communes aux Conseils du Familistère et de l'Industrie.

ART. 95. (2)

Les Conseils du Familistère et de l'Industrie se réunissent obligatoirement chacun une fois par semaine, sans convocation, au lieu ordinaire de leurs séances.

Ils se réunissent facultativement, sur la convocation du Président, chaque fois que le réclament l'intérêt de l'Association et l'urgence des affaires à expédier.

---

(1). — Modification suivant délibération de l'Assemblée générale du 25 octobre 1890.

(2). — Modification suivant délibération de l'Assemblée générale du 15 novembre 1885.

Ils peuvent appeler à leurs séances toutes personnes qu'ils jugent aptes à les renseigner utilement.

Les Secrétaires de ces deux Conseils peuvent être les mêmes que ceux du Conseil de Gérance (art. 87).

SECTION V
Procès-verbaux des séances des trois conseils.

ART. 96.

Le Conseil de Gérance et les Conseils du Familistère et de l'Industrie ont chacun un registre spécial sur lequel sont consignés les procès-verbaux de leurs avis et délibérations.

Les procès-verbaux des séances du Conseil de Gérance sont vérifiés par le Président et par un délégué du Conseil ; ils sont lus et approuvés à la séance suivante et signés de tous les membres du Conseil.

Les procès-verbaux des deux autres Conseils sont signés du Président, du Secrétaire et d'un délégué de chacun de ces Conseils.

Tout associé peut consulter les registres des délibérations en les demandant aux secrétaires et sans déplacement de ces registres.

CHAPITRE III
Attributions des Conseils.

SECTION I
Conseil de Gérance.

ART. 97.

L'Administrateur-Gérant remet, chaque mois, au Conseil de Gérance, dans le but de l'éclairer sur la marche des services du Familistère et des affaires industrielles :

1° Les balances des écritures ;

2° Les éléments nécessaires à la comparaison entre la production et les besoins de la vente ;

3° L'état des produits qui ne sont pas en quantité suffisante dans les magasins.

Sauf les objets réservés à l'examen de l'Assemblée générale des associés par le titre cinquième, chapitre I, articles 59 et 61, le Conseil de Gérance donne son avis sur toutes les questions importantes qui sortent du cadre des affaires courantes soit du Familistère, soit de l'Industrie, et sur toutes les choses qui ont un caractère d'exception.

Art. 98.

Le Conseil de Gérance embrasse tous les intérêts de l'Association ; il peut évoquer toute affaire à la demande de son Président, ou d'au moins trois de ses membres, que cette affaire concerne le Familistère ou l'Industrie.

Art. 99. (1).

Le Conseil de Gérance a pour attributions spéciales de décider sur :

Les admissions au titre de sociétaire ou de participant et les substitutions au titre d'intéressé porteur de certificat d'apport ou d'épargne ;

Les admissions dans les logements du Familistère et les congés de ces logements ;

Les propositions d'exclusion de l'Association à soumettre à l'Assemblée générale dans les cas prévus article 26 ;

Les propositions de remboursements de titres d'apports ou d'épargne dans le cas prévu article 33 ;

Les subventions destinées à entretenir les Assurances mutuelles (art. 120, 127) ;

Les dépenses des Institutions de l'enfance au Familistère ; (Art. 122 à 124, 127).

Choix des élèves à préparer pour les grandes Écoles de

---

(1). — Modification suivant délibération de l'Assemblée générale du 15 novembre 1885.

l'État ou à entretenir dans ces Ecoles (St. art. 59, 128, règl. art. 100).

ART. 100

Le Conseil de Gérance donne son avis sur :

La mise à la retraite, s'il y a lieu, des travailleurs, employés ou ouvriers, devenus insuffisants dans leurs fonctions (Assurances mutuelles, 2ᵉ partie, art. 4 à 9 ; Règlement, 3ᵉ partie, art. 25 et 46) ;

Les congés pour manque d'ouvrage ;

Les dépenses d'entretien des bâtiments et du matériel, dans le Familistère comme dans les usines ;

Les traités, les marchés, les achats de matières premières, de machines et outils importants ;

Les propositions émanées soit des membres de l'Association individuellement, soit des divers comités (Assurances mutuelles, 2ᵉ partie, art. 73, et Règlement, 3ᵉ partie, art. 26, 71 à 73) ;

Enfin les opérations industrielles et commerciales, et les mesures sociétaires dont le renvoi devant lui est demandé.

ART. 101.

Le Conseil de Gérance donne son avis sur l'exercice de toute action en justice appartenant à l'Association et sur la défense à toutes celles qui lui sont intentées, quelle que soit la juridiction à laquelle elles sont déférées ;

Sur tous compromis, transactions, oppositions, prises, mainlevées et radiations partielles ou totales d'inscription de privilège ou d'hypothèque, conventions et mesures conservatoires.

ART. 102.

Le Conseil de Gérance donne son avis sur l'organisation des fonctions et emplois dans l'Association, sur les attributions et les appointements.

ART. 103.

Le Conseil de Gérance donne son avis sur les candidats associés qui peuvent être éligibles aux fonctions de conseillers de gérance, et sur les promotions et nominations aux emplois, le tout après concours. (Art. **84, 112 à 116.**)

ART. 104.

Le Conseil donne son avis sur les travaux exceptionnels à entreprendre et les produits à faire entrer dans la production des usines.

ART. 105.

Tout membre du Conseil de Gérance peut demander des renseignements soit dans les bureaux, les ateliers, les magasins de l'industrie et les services du Familistère, soit dans les livres de comptabilité de l'industrie et du Familistère, les comptes de fabrication et de vente, les caisses, les portefeuilles et toutes les écritures se rapportant à l'administration, à la direction industrielle ou à l'économat.

SECTION II

Conseil du Familistère.

ART. 106.

Le Conseil du Familistère a pour attributions le soin des intérêts sociétaires et commerciaux du Familistère.

Il donne son avis sur toutes les affaires commerciales, approvisionnements, achats et ventes de toutes choses nécessaires dans les magasins, débits et services de l'habitation sociétaire, et sur toutes les mesures concernant l'entretien des bâtiments et de leurs dépendances, la police, la propreté et l'hygiène des logements.

Il donne son avis sur les admissions dans les logements du Familistère et sur les congés de ces logements.

Il examine et apprécie les propositions faites dans l'intérêt de l'Association et pour l'amélioration des services soit par les membres associés, soit par les comités (Règlement, 3ᵉ partie, art. 26, 71 à 73); il donne son avis sur la suite à leur donner.

SECTION III

Conseil de l'Industrie.

ART. 107.

Le Conseil de l'Industrie a pour mission de délibérer sur toutes les questions industrielles et les constructions qui intéressent l'Association.

Il donne son avis sur la marche journalière de toutes les opérations industrielles et commerciales dans les usines, ateliers, magasins et bureaux de l'industrie.

Il examine et apprécie les propositions concernant les améliorations industrielles, faites soit par les membres de l'Association soit par ses comités (Règlement, 3° partie, art. 26, 71 à 73); il donne son avis sur la suite à leur donner.

SECTION IV

Disposition commune aux Conseils du Familistère et de l'Industrie.

ART. 108.

Les Conseils du Familistère et de l'industrie réservent au Conseil de Gérance tout ce qui excède leur compétence propre.

Lorsqu'il y a doute sur la compétence, l'affaire est portée au Conseil de Gérance.

CHAPITRE IV

Conseil de Surveillance

ART. 109 (1).

Les trois Commissaires-Rapporteurs nommés par l'Assemblée générale des associés (art. 59) constituent le Conseil de Surveillance.

Ce Conseil veille à l'exécution des présents Statuts.

_____

(1) Modification suivant délibération de l'Assemblée générale du 15 novembre 1885.

Il s'assure de la bonne tenue des écritures et se fait présenter les balances mensuelles.

Il assiste au 30 juin de chaque année aux inventaires généraux de l'Association, vérifie les comptes et le bilan soumis par l'administration à l'Assemblée générale des associés.

Il rédige le rapport qu'il doit, de son côté, soumettre à la même Assemblée sur les opérations et la situation de l'Association et sur les propositions qui peuvent lui être déférées.

Il propose à l'Assemblée générale, dans les cas spécifiés articles 78, la révocation de l'Administrateur-Gérant.

Il délègue un de ses membres à la signature des certificats d'apports ou d'épargne. (Art. 50.)

Les rapports, délibérations, avis et résolutions de ce Conseil sont, par les soins de l'un de ses membres qu'il délègue à cet effet, consignés dans des procès-verbaux inscrits sur un registre spécial et signés des membres qui ont assisté à la séance.

Les commissaires de surveillance sont de droit auditeurs aux Conseils de Gérance, du Familistère et de l'Industrie.

CHAPITRE V

**Dispositions générales à l'égard des Fonctionnaires.
Concours aux emplois**

ART. 110

Tout employé dont les appointements annuels atteignent trois mille francs ne peut, sans une autorisation expresse de l'Association, remplir en dehors d'elle aucune mission salariée.

L'Administrateur-Gérant autre que le Fondateur, en sa qualité de premier fonctionnaire de l'Association, est lui-même soumis à cette règle.

Art. 111.

A moins de contrats écrits particuliers, l'Association n'a vis-à-vis de son personnel aucune obligation ni convention autre que celles prescrites par les présents Statuts et règlements.

Art. 112.

Les fonctions et emplois de l'Association sont obtenus par le concours et l'élection, d'après les règles tracées dans le Règlement, 3° partie, art. 11 à 13.

Art. 113.

L'Administrateur-Gérant choisit les employés parmi ceux qui ont obtenu les premiers rangs dans les concours.

Art. 114.

Tout membre de l'Association peut prendre part au concours.

Lorsque l'Administrateur-Gérant et le Conseil de Gérance le jugent nécessaire, des personnes étrangères à l'Association peuvent être également appelées à concourir.

Toutefois, à mérite égal, le choix est fait en faveur d'un membre de l'Association ou, si tous les candidats font partie de l'Association, en tenant compte de l'ancienneté.

Art. 115.

Quiconque postule pour une augmentation d'appointements doit satisfaire à un examen comprenant les mêmes épreuves que le concours pour un emploi supérieur à celui qu'il occupe.

Art. 116

Tous les travaux écrits présentés par les candidats, fonctionnaires ou employés, quels qu'ils soient, deviennent la propriété de l'Association et restent dans ses archives, où ils sont classés de manière à être consultés avec facilité.

CHAPITRE VI

Du Comité de Conciliation

Art. 117.

Un comité de conciliation est organisé dans l'Association. Son rôle est de chercher à régler tout différend qui peut survenir entre l'Association et ses membres, ou entre les membres mêmes de l'Association.

Son mode de nomination est indiqué au Règlement, 3e partie, art. 68 à 70.

Lorsque l'intervention du Comité n'a pu opérer la conciliation, les parties en désaccord sont invitées à ne point donner le scandale d'un procès entre membres d'une Association fraternelle, mais à nommer des arbitres chargés, par un compromis régulier, de trancher souverainement le différend qui les divise.

Le refus par un membre quelconque, associé, sociétaire ou participant, de se prêter à ces moyens d'arrangement amiable, peut devenir un motif d'exclusion.

TITRE SEPTIÈME

Des Institutions de prévoyance

Art. 118

Pour appliquer le principe : « que le concours de la nature, dans tous les faits de la production, représente la part des faibles, des malades, des invalides, ce que l'humanité doit à ceux qui ont besoin, » l'Association entretient dans son sein :

1° Les Assurances mutuelles ;

2° Les Institutions fondées pour les soins, l'éducation et l'instruction de l'Enfance.

CHAPITRE I

Assurances mutuelles

ART. 119

Les Assurances mutuelles ont pour principal objet d'empêcher les membres de l'Association de tomber dans la privation du nécessaire ; elles subviennent, en conséquence, aux besoins des malades, des blessés et des invalides du travail.

Elles pourvoient, en outre, aux besoins des familles nécessiteuses des associés, sociétaires et autres habitants du Familistère.

ART. 120.

Tout membre de l'Association rémunéré à un titre quelconque est inscrit de plein droit comme participant à ces Assurances. Il en est de même pour les auxiliaires.

L'Association est tenue d'entretenir les Assurances mutuelles.

Les applications des ressources sont faites conformément aux règles spéciales des Assurances, telles qu'elles ressortent des délibérations de leurs comités respectifs approuvées par le Conseil de Gérance et sanctionnées par l'Assemblée générale des Associés.

Ces règles spéciales sont inscrites à la suite des présents Statuts sous le titre : Assurances mutuelles, 2° partie, pour devenir la loi de ceux qu'elles intéressent, étant réservées les modifications possibles.

ART. 121.

En cas de dissolution de l'Association du Familistère, ou à l'expiration de son terme, les fonds disponibles des Assu-

rances, s'il y en a, seront portés au fonds de réserve (art. 130
à 133) pour être liquidés comme toutes les autres valeurs de
la Société.

Néanmoins, les liquidateurs prendront les mesures nécessaires pour assurer le paiement à vie des pensions aux invalides du travail.

CHAPITRE II

Institutions de l'Enfance

ART. 122.

L'éducation et l'instruction de l'Enfance s'imposent comme un devoir essentiel à toute Société prévoyante et sou-
cieuse de sa prospérité et de son progrès.

Ce devoir devient plus impérieux dans une Association
qui s'est donné pour loi les principes formulés en tête des
présents Statuts.

En conséquence,

La Gérance et les divers Conseils ont pour mission de
veiller au progrès de l'instruction générale de l'Enfance au
Familistère.

L'Administration de la Société doit surtout assurer par
un bon enseignement la culture morale des élèves, dans le
but de développer en eux le sentiment des devoirs de solidarité qui les unissent les uns aux autres.

Elle doit leur faire enseigner et s'attacher à leur faire
comprendre la grandeur et les bienfaits de l'Association, afin
que tous les élèves, autant que possible, deviennent de dignes
continuateurs de l'œuvre de leurs prédécesseurs.

ART. 123.

L'éducation et l'instruction de l'enfance, dans l'Association, comprennent :

1° La Nourricerie donnant à la mère aide et assistance
pour les soins de l'enfant du premier âge jusqu'à deux ans ;

2° Le Pouponnat, premier jardin d'enfants, où sont accordés les soins et les amusements nécessaires aux enfants de 2 à 4 ans ;

3° Le Bambinat, second jardin d'enfants, où commencent l'enseignement et les exercices instructifs et récréatifs, pour les élèves de 4 à 6 ans ;

4° Les Classes d'école qui assurent à tous les enfants du Familistère, au moins jusqu'à l'âge de 14 ans, un bon enseignement primaire ;

5° Enfin, l'Association doit, en outre, entretenir des cours supérieurs où l'on puisse développer les aptitudes et les facultés des enfants exceptionnellement doués et enseigner surtout les principes et la morale de l'Association.

Art. 124.

L'éducation et l'instruction sont gratuites au Familistère ; elles sont données par des instituteurs et institutrices salariés par l'Association.

Les frais qui s'y rattachent ne peuvent être inférieurs :

1° A la somme de quinze mille francs pour la rémunération des personnes attachées au soin et à l'enseignement de l'enfance ;

2° A la somme de dix mille francs pour tous les déboursés divers nécessités comme frais généraux de l'éducation et de l'instruction.

Ces chiffres peuvent être augmentés par l'administration de l'Association, quand elle en reconnaîtra le besoin. Mais pour le cas où les sommes indiquées ci-dessus ne seraient pas employées annuellement, le reliquat serait porté au crédit du compte spécial de l'instruction et tenu en réserve pour ses besoins.

TITRE HUITIEME

De la Comptabilité

CHAPITRE I

Contrôle et tenue des écritures.

ART. 125.

Les établissements de l'Association ont chacun leur comptabilité particulière. L'Administrateur-Gérant et les Conseils de Gérance et de Surveillance doivent veiller à ce que ces comptabilités soient tenues de façon à permettre de se rendre parfaitement compte de toutes les opérations de chacun des établissements.

Une comptabilité spéciale résume les opérations des divers établissements et fixe les droits de chacun dans l'Association. Cette comptabilité est tenue au siège social. l'Administrateur-Gérant, les Commissaires de surveillance et les Conseils veillent à ce que toutes les opérations en soient faites en temps utile pour la répartition annuelle des bénéfices, art. 126 à 129.

CHAPITRE II

Inventaires. — Clôture des écritures

ART. 126.

La clôture des écritures dans chaque établissement a lieu chaque année le 30 juin.

A cette date, il est fait un inventaire général et le bilan de l'Association est dressé.

Les marchandises fabriquées sont évaluées au prix de revient, défalcation faite des non-valeurs.

Les matières premières sont évaluées aux prix des cours majorés des frais de transport, s'il y a lieu.

Les mesures propres à assurer l'exécution des dispositions comptables prescrites dans le présent titre sont déterminées par le Règlement, 3° partie, art. 40 à 44.

TITRE NEUVIEME

Des Bénéfices et des Pertes

CHAPITRE I

Emploi des bénéfices.

ART. 127. (1)

Sur les bénéfices industriels et commerciaux constatés par les inventaires annuels, il est opéré les défalcations suivantes à titre de charges sociales :

1° Prélèvement de 5 0/0 de la valeur des immeubles bâtis, 10 0/0 de la valeur du matériel d'outillage et 15 0/0 de la valeur du matériel modèles.

Quand les immeubles locatifs seront ramenés à la valeur de douze cent mille francs, l'amortissement de 5 0/0 sur ces immeubles sera suspendu.

Aucun amortissement n'est prélevé sur les propriétés non bâties.

Ces diverses sommes sont portées au crédit de leurs comptes respectifs.

____

(1) Modification suivant délibération de l'Assemblée générale du 15 novembre 1885.

2º Subventions aux diverses Assurances mutuelles, 2º partie, art. 3, 18, 47, 59 ;

3º Frais d'éducation et d'instruction, Statuts, art. 122 à 124 ;.

4º Intérêts aux possesseurs des apports et des épargnes. Ces intérêts sont payables en espèces.

Ce qui reste constitue le bénéfice net.

ART. 128. (1)

Le bénéfice net est réparti de la manière suivante :

1º Il est appliqué d'abord au fonds de réserve 25 0/0, puis à la répartition comme il est dit articles 131 et 132, ci .   25

2º Au capital et au travail, 50 0/0, ci   50

Dans cette attribution, la part du travail est représentée par le total des appointements et salaires touchés pendant l'exercice, et la part du capital par le total des intérêts des apports et des épargnes.

Les 50 0/0 sont répartis au marc le franc entre ces deux éléments producteurs.

Les dividendes du capital sont payables en espèces et ceux du travail en titres d'épargnes, sauf ce qui revient aux institutions de l'Enfance, présent art : 7º, et qui est attribué, soit en titres d'épargnes, soit en espèces selon décision du Conseil de Gérance.

Est alloué aux capacités dans les conditions suivantes 25 0/0. . . . . , ...   25

En titres d'épargnes

3º A l'Administrateur-Gérant : 4 0/0

4º Au Conseil de Gérance autant de fois 1 0/0 qu'il y a de conseillers en exercice. La répartition est faite

A Reporter. . .   100

---

(1) — Modification suivant délibération de l'Assemblée générale du 15 novembre 1885.

Report. . . 100

entre les membres du Conseil, de façon que le participant ait une part, le sociétaire une part et demie et l'associé deux parts.

Dans le cas où le nombre des conseillers en exercice n'atteindrait pas le maximum de seize, les sommes restantes de ce chef ou des allocations prévues ci-dessous seront affectées, avec celles de même nature qui existent déjà, à former une réserve spéciale qui sera, par les soins du Conseil de Gérance, appliquée au développement de l'instruction de l'Enfance et à la rémunération des auditeurs. (Règl. art. 10 et 100.)

Les autres applications qui en pourraient être faites devront être soumises à l'approbation de l'Assemblée générale, sauf en ce qui concerne le Fondateur, lequel reste absolument libre de donner à ces ressources l'emploi qu'il juge utile.

5° Au Conseil de Surveillance, 2 0/0 . . . .

Ces trois attributions sont indépendantes de ce qui peut revenir aux parties prenantes dans la part attribuée au travail sous le n° 2.

6° A la disposition du Conseil de Gérance pour être répartis, dans le courant de l'année, aux employés et aux ouvriers qui se seront distingués par des services exceptionnels (Règlement, 3° partie, art. 78, 79), 2 0/0.

En titres d'épargnes ou en espèces selon décision du Conseil de Gérance.

7° A la préparation pour être admis dans les Écoles de l'État et à l'entretien dans ces écoles d'un ou de plusieurs élèves sortant des écoles du Familistère : 1 0/0 (St. art. 59, 99 ; règl. art. 100) ;

Total. 100

CHAPITRE II

Mode de répartition des Bénéfices entre les Travailleurs Associés, Sociétaires et Participants.

ART. 129. (1)

Afin de faire la part du dévouement à l'Association et du mérite intellectuel et moral des membres sur lesquels elle peut le plus compter pour l'avenir de l'œuvre, il est stipulé que dans la répartition proportionnelle de la part afférente au travail, art. 128, 2°, l'associé intervient à raison de deux fois la valeur, le sociétaire à raison d'une fois et demie la valeur, et le participant à raison de la somme exacte de leurs salaires ou appointements respectifs.

Néanmoins les sociétaires et les participants habitant le Familistère, ayant vingt années de service dans l'Association, auront droit aux mêmes parts que les associés, et les participants n'habitant pas le Familistère ayant vingt années de service auront droit aux mêmes parts que les sociétaires.

La part revenant au travail des auxiliaires est versée à l'Assurance des pensions et du nécessaire, sous la réserve faite au titre XIII du Règlement, 3e partie, art. 80 à 85.

CHAPITRE III

Fonds de réserve. — Pertes.

ART. 130.

Le fonds de réserve a pour objet de parer aux pertes affectant le capital de l'Association..

Le fonds de réserve ne peut en aucun cas, ni dans aucune mesure, être employé à une autre destination, notamment à des paiements d'intérêts ou de dividendes.

---

(1) — Modification suivant décision de l'Assemblée générale du 18 novembre 1888.

·Art. 131. (1)

Dès que le fonds de réserve atteint le dixième du fonds social, les 25 °/° affectés au fonds de réserve restent dans les bénéfices à répartir conformément à l'art. 128 des statuts.

Art. 132. (2)

Le fonds de réserve reste dans le fonds de roulement de l'Association sans compte d'intérêts.

Dans le cas où ce fonds de réserve est entamé, le prélèvement sur les bénéfices est établi à son taux statutaire, jusqu'à ce que le fonds ait atteint de nouveau le dixième du fonds social.

Art. 133.

Les pertes sont d'abord supportées par le fonds de réserve jusqu'à son épuisement.

Le fonds de réserve épuisé, elles sont réparties entre tous les possesseurs du fonds social au marc le franc et jusqu'à concurrence du montant de leurs certificats d'apports ou d'épargne, sans aucun recours sur le surplus de leurs biens, sauf bien entendu la responsabilité indéfinie de l'Administrateur-Gérant envers les tiers.

---

(1) Modification suivant délibération de l'Assemblée générale du 1er octobre 1882.

(2) Modification suivant délibération de l'Assemblée générale du 1er octobre 1882.

TITRE DIXIEME

De la Dissolution

Art. 134.

L'Association n'est dissoute et la marche de ses travaux et opérations n'est arrêtée ou suspendue ni par la mort, ni par la retraite, ni par la faillite ou la déconfiture, ni par la révocation ou l'exclusion d'aucun de ses membres.

Elle continue de plein droit, sauf, dans ces cas, à procéder suivant les règles tracées par les présents Statuts.

Art. 135.

A moins de revers mettant la Société dans l'impossibilité de remplir ses engagements, la dissolution ne pourra être prononcée par l'Assemblée générale que du consentement unanime des associés.

Art. 136.

En cas de dissolution prononcée par l'Assemblée générale, celle-ci nomme un ou plusieurs liquidateurs pour procéder à la liquidation. Elle règle le mode de liquidation et peut donner aux liquidateurs les pouvoirs les plus étendus, soit pour la vente, soit pour l'apport à une autre Société, de tout ou partie de l'actif social.

Art. 137.

Les liquidateurs informent immédiatement le public, par circulaires et insertions dans les journaux, de la mise en liquidation de l'Association.

Ils soumettent annuellement leurs comptes à une Assemblée générale qui les approuve, s'il y a lieu, et en donne décharge.

TITRE ONZIÈME
Des Modifications aux Statuts

ART. 138.

Afin de permettre à l'Association de profiter de toutes les modifications que le législateur introduira sans doute dans la loi sur les Sociétés, les présents Statuts peuvent être modifiés et même revisés, avec l'assentiment de l'Administrateur-Gérant, sur la demande écrite, motivée et signée des deux tiers des associés.

Cette demande est adressée au Conseil de Gérance qui en fait rapport à l'Assemblée générale des associés, seule compétente pour statuer sur les modifications proposées. (Art. 59.)

L'Assemblée générale a le pouvoir d'apporter aux Statuts toutes les modifications qu'elle juge utiles, mais sous les exceptions ci-après énumérées :

1º Aucune modification concernant les intérêts, droits et garanties stipulés en faveur du Fondateur, ne peut être accueillie et ordonnée que de son consentement spécial ;

2º L'Association intégrale du capital et du travail, telle qu'elle est établie aux présents Statuts, devra être conservée et aucune modification ne pourra être introduite dans les relations du capital et du travail, soit pour la représentation aux Assemblées générales, soit pour la répartition des bénéfices ;

3º Les prescriptions de l'art. 44 des présents Statuts devront être religieusement maintenues pendant toute la durée de l'Association ;

4º La Société s'engage, en outre, de la façon la plus absolue, à ne pas amoindrir la part des faibles, c'est-à-dire les subventions aux Assurances mutuelles et les dépenses des Institutions d'éducation et d'instruction de l'Enfance, telles qu'elles sont prévues, Statuts, art. 118 à 124; Assurances mutuelles. 2° partie, art. 3, 18, 47, 59 ;

5° A maintenir les clauses d'admission au titre d'associé, de sociétaire et de participant ;

6° Et à ne rien changer à la composition de l'Assemblée générale, ni aux conditions d'éligibilité dans le Conseil de Gérance.

L'Assemblée générale est autorisée à proroger la durée de la Société, dans les trois ans qui précéderont le terme de son expiration, et ainsi à chaque période subséquente.

ART. 139.

Le Fondateur propose avec confiance à l'adhésion des Travailleurs, qui voudront concourir au développement de la justice et de la solidarité parmi les hommes, les Statuts qu'il a élaborés en vue d'avancer dans cette voie.

Sans doute, leurs dispositions ne sont pas la formule parfaite et le dernier mot du progrès auquel tendent les sociétés humaines, mais elles correspondent à l'état d'avancement des esprits et des consciences et marquent un pas vers les destinées offertes à l'humanité.

Pratiquées avec dévouement et sincérité, elles seront pour les adhérents la garantie d'un état social plus doux et plus satisfaisant. Elles deviendront peut-être, pour ceux qui en recevront et en comprendront l'exemple, une incitation à des efforts plus efficaces vers l'avènement du règne de la Justice sur la terre.

L'expérience enseignera en quoi ces dispositions sont défectueuses et perfectibles ; c'est afin de profiter de ses leçons que le droit de révision des Statuts est réservé.

TITRE DOUZIEME

Constitution de la Société

ART. 140.

M. Godin explique que l'Association, dont les présents Statuts ont pour but de consacrer et de légaliser l'existence, fonctionne en fait depuis plusieurs années.

Et il demeure entendu que l'Association est fondée dès ce jour entre M. Godin, Fondateur, et les Travailleurs qui remplissent les conditions indiquées aux présents Statuts pour être admis dans la Société à un titre quelconque ;

Que les Conseils et les Assemblées générales fonctionnent dorénavant dans les conditions réglées par les présents Statuts.

M. Godin, en vertu de l'article 12, 5°, a la faculté d'appeler au premier Conseil de Gérance trois associés.

Le tirage au sort indiquera dans quel ordre il sera pourvu au remplacement de chacun d'eux par la voix du concours et de l'élection, selon les dispositions des articles 84 et 85.

Toutefois, nul n'est admis à un titre quelconque dans l'Association régularisée qu'après une adhésion formelle aux Statuts, conformément aux prescriptions de l'article 10.

ART. 141.

Afin de constituer immédiatement l'Association, M. Godin déclare admettre dès ce jour les personnes suivantes, auxquelles il cède des parts d'intérêt représentées par des certificats d'épargne pour les sommes dont elles sont créditrices.

Savoir :

Au titre d'Associés :

Au titre de Sociétaires :

Au titre de Participants :

Lesquels, intervenus au présent acte, ont, après lecture des Statuts et Règlements, déclaré y adhérer sans réserve.

En conséquence, l'Association est, à compter d'aujourd'hui, légalement et définitivement constituée.

Art. 142.

Les présents Statuts sont publiés et déposés conformément à la loi du 24 juillet 1867, articles 55, 56, 57 et 60. Les modifications qu'ils pourront recevoir par la suite, notamment en ce qui touche l'augmentation du capital (art. 42) et les nominations d'Administrateurs-Gérants (art. 12, 75 et 76) seront de même déposées et publiées, conformément à la loi, par les soins et sous la responsabilité de l'Administrateur-Gérant en exercice.

Guise, le 13 août 1880.

DEUXIÈME PARTIE

ASSURANCES MUTUELLES DE L'ASSOCIATION

———:o:———

TITRE PREMIER

Dénomination.— Objet et Durée des Assurances.

ARTICLE PREMIER (¹)

Les Assurances de mutuelle protection instituées en exécution des articles 118 à 121 des Statuts sont :

1° L'Assurance des pensions et du nécessaire à la subsistance ;

Cette Assurance a pour objet de servir des pensions aux anciens travailleurs de l'Association devenus incapables de travailler (Statuts, art. 100 ; Règlement, 3ᵉ partie, art. 25 et 46) ;

D'assurer pendant un an aux associés et sociétaires malades, l'allocation entière à laquelle leur cotisation leur donne droit.

De donner le nécessaire aux familles des associés, des sociétaires et autres habitants du Familistère dont les ressources seraient momentanément insuffisantes ;

De prendre soin de leurs orphelins ; de payer les honoraires des médecins pour les soins qu'ils donnent aux enfants du Familistère ; payer les honoraires des sages-femmes pour les accouchements et soins aux dames du Familistère.

---

(1) Modification suivant délibération de l'Assemblée Générale du 18 novembre 1883.

Enfin de venir facultativement en aide aux veuves et aux orphelins des participants et des auxiliaires.

2° L'Assurance mutuelle contre la maladie qui comprend trois sections.

La première est instituée entre tous les travailleurs de l'Association, employés ou ouvriers, et comprend les dames qui, travaillant à l'Usine, n'habitent pas le Familistère ;

La seconde est instituée entre les dames qui habitent le Familistère ;

Ces deux sections ont pour objet de verser aux mutualistes malades des allocations et de rétribuer les services médicaux.

La troisième section est instituée entre les habitants du Familistère, hommes et dames, dans le but de procurer à eux et à leurs familles, en cas de maladie, les médicaments désignés par les comités des assurances.

Art. 2.

Les Assurances de mutuelle protection prennent fin en même temps que *la Société du Familistère de Guise*, soit par l'expiration de son terme fixé a 99 ans, aux termes de l'article 7 des Statuts, soit par sa disssolution anticipée. (Art. 135 des Statuts.)

Elles sont prorogées de même que l'Association dans le cas prévu par l'article 138 des Statuts.

TITRE DEUXIÈME

Assurances des pensions et du nécessaire à la subsistance.

SECTION I

Ressources.

ART. 3

Les ressources de l'Assurance des pensions et du nécessaire à la subsistance se composent :

1° D'une subvention égale à 2 °/° des salaires et appointements payés par l'Association du Familistère de Guise. Cette subvention est portée aux frais généraux de la Société ;

2° Du dividende représenté par le travail des auxiliaires dans les conditions spécifiées article 129 des Statuts.

SECTION II

Participation à l'Assurance.

ART. 4.

Toute personne attachée par d'anciens services aux établissements de la Société du Familistère est placée sous la protection de l'Association, et, dans le cas d'incapacité notoire de travail, il lui est accordé une pension.

Cete pension est servie aux associés, aux sociétaires, aux participants ; elle est aussi allouée aux auxiliaires dans les conditions de l'article suivant.

SECTION III

Droits des Mutualistes.

Art. 5. (1)

Après quinze ans de service, les droits à la pension sont réglés comme suit :

Pour les associés, hommes et femmes, la pension est fixée aux deux cinquièmes de leurs appointements ou salaires annuels, à l'exclusion de tout autre bénéfice.

Pour les sociétaires, hommes et femmes, elle est fixée au tiers de ces mêmes appointements ou salaires.

Toutefois les pensions des associés ne peuvent jamais descendre, pour les hommes, au dessous de 75 francs par mois, et, pour les femmes, au-dessous de 45 francs.

La pension des sociétaires ne peut descendre, pour les hommes, au dessous de 60 francs, et, pour les femmes, au-dessous de 35 francs.

Le taux de la pension des participants et des auxiliaires, est fixé de la manière suivante pour les hommes :

Après 15 ans de service en une seule fois, 1 fr. » par jour.

—	20	—	1	50 —
—	25	—	2	» —
—	30	—	2	50 —

Pour les femmes employées dans les services du Familistère ou de l'usine :

Après 15 ans de service en une seule fois, » fr. 75 par jour.

—	20	—	1	» —
—	25	—	1	25 —
—	30	—	1	50 —

Dans les périodes intermédiaires, les subventions sont proportionnelles à la durée des services.

---

(1) Modification suivant délibération de l'Assemblée générale du 18 novembre 1888.

Les droits à la pension sont suspendus pour tout pensionnaire qui accepte, sans autorisation du Conseil de Gérance des fonctions salariées en dehors de l'Association.

ART. 6.

Dans le cas où les ressources de l'Assurance le permettraient, le Conseil de Gérance peut proposer à l'Assemblée générale des associés d'augmenter le taux des pensions en faveur des personnes qui l'auraient mérité par leurs services rendus à l'Association.

ART. 7.

Si les années de service, qui donnent droit à la retraite, ont été accomplies en plusieurs fois, chaque sortie volontaire de l'établissement et chaque année d'absence qui en résulte donnent lieu à une réduction de deux centimes sur l'allocation journalière. Les années de travail avant l'âge de vingt ans ne comptent que pour moitié.

Le temps passé au service militaire obligatoire est considéré comme absence involontaire et n'entraîne pas de réduction du taux de la pension.

ART. 8.

Le travailleur valide qui se retire volontairement de l'Association ou qui en est exclu ou congédié pour tout autre cause que le manque d'ouvrage, perd par ce seul fait tout droit aux subsides de l'Assurance des pensions et du nécessaire.

ART. 9.

Lorsque, avant quinze années de services dans l'Association, un homme ou une femme, privés de toute ressource sont atteints par un accident d'atelier entraînant incapacité de travail, ils ont droit à la même pension qu'après vingt ans de services.

Si l'accident survient après quinze ans, la victime touche la pension fixée pour trente ans de service.

Les indemnités accordées aux incapacités de travail sur-
venues avant quinze ans d'exercice et sans accident d'atelier
sont laissées à l'appréciation du Comité de l'Assurance et du
Conseil de Gérance.

Art. 10. (1)

L'Assurance parfait aux associés et sociétaires malades
depuis plus de trois mois (art. 21) le complément nécessaire
pour maintenir au taux primitif leurs allocations journalières
pendant un an.

Art. 11. (2)

L'Assurance parfait aux habitants du Familistère, un
minimum de subsistance, lorsque les ressources n'atteignent pas le taux du minimum journalier fixé comme suit :

	à Guise	à Laeken
Pour l'homme et la femme	2 fr. 50	2 fr. »
— un veuf ou une veuve chef de famille	1 fr. 50	1 fr. 20
— une veuve sans famille	1 »	» 80
— un homme invalide dans une famille	1 fr. »	» fr. 80
— une femme invalide dans une famille	» fr. 75	» fr. 60
— les jeunes gens de plus de 16 ans (chacun).	1 fr. »	» fr. 80
— les jeunes gens de 14 à 16 ans (chacun).	» fr. 75	» fr. 60
— les enfants de 2 à 14 ans (chacun)	» 50	» 40
— — moins de 2 ans. .	» 25	» 20

Ces derniers ayant en outre droit à la nourricerie (St. art.
123, 1°). Ce minimum de subsistance est accordé aux veuves

---

(1) Modification suivant délibération de l'Assemblée générale du 18
novembre 1888.

(2) Modification suivant délibération de l'Assemblée générale du 18
novembre 1888.

et aux orphelins dont les maris et les pères ont travaillé pendant 15 au moins au service de l'Association.

Les veuves et les orphelins dont les maris ou les pères sont décédés avant 15 années de service dans l'Association, n'ont droit aux secours ae l'assurance et à l'habitation dans les locaux du Familistère que pendant une année.

En cas de maladie, le taux de subsistance fixé ci-dessus n'est accordé aux mutualistes du Familistère qui ne l'atteignent pas par les allocations de l'assurance contre la maladie, qu'un mois après avoir cessé leur travail.

ART. 12.

Dans le compte à faire des ressources d'une famille afin de fixer ce à quoi elle a droit, les gains des membres de la famille ou les allocations des diverses Assurances sont d'abord portés en compte.

Les gains qui ne peuvent être fixés sont évalués comme suit :

Pour un garçon de 14 à 16 ans. . . .	» fr.	75 c.	par jour.
— — 16 à 18 —	1	»	—
— — 18 à 20 —	1	50	—
Au-dessus de 20 ans	2	25	—
Pour une fille de 14 à 17 ans . . .	»	50	—
— — 17 à 21 — . . .	»	75	—
Au-dessus de 21 ans	1	»	—

La mère de famille qui a cinq enfants ou plus hors d'état de travailler, est considérée comme ne pouvant rien gagner par elle-même. Cependant, s'il est établi qu'elle se procure des gains, il en est tenu compte.

A moins de gains connus ou facilement appréciables, il est considéré que la mère de famille qui a quatre enfants hors d'état de travailler, peut se procurer, par jour, un gain de . . . . » fr. 25 c.

Celle qui en a 3	»	50
— 2	»	75
— 1	1	»

Art. 13.

Les enfants d'associés ou de sociétaires qui se trouvent privés de leur père et de leur mère sont, par les soins du Comité de l'Assurance (art. 17), et d'accord avec le Conseil de Gérance, placés dans une famille où ils reçoivent les soins et l'éducation convenables.

Art. 14.

La protection de l'Assurance s'étend, en outre, aux familles des participants et des auxiliaires dans le cas de malheur exceptionnel, et lorsque le Conseil de Gérance juge la mesure applicable.

Art. 15.

Tout individu pensionné cesse de cotiser à l'Assurance mutuelle contre la maladie et n'en reçoit plus d'allocations, sa pension lui en tenant lieu.

Cependant, si l'individu pensionné se rendait utile dans les services généraux de la Société (Règlement, 3° partie, art. 25), il pourrait lui être accordé par le Comité de l'Assurance mutuelle contre la maladie, d'accord avec le Conseil de Gérance, de continuer de participer à cette Assurance.

Art. 16.

Tout ayant droit aux pensions ou subventions prescrites par les articles 5, 9, 10 et 11, présente sa demande à l'un quelconque des membres du Comité de l'Assurance (art. 73).

Le Comité, après enquête, statue sur ce qui est à faire.

SECTION IV

Administration.

Art. 17.

L'Assurance des pensions et du nécessaire est administrée par un Comité composé comme il est dit article 73.

TITRE TROISIÈME

Assurance mutuelle contre la maladie.

CHAPITRE 1

Assurance des travailleurs.

Ressources.

ART. 18.

Les ressources de l'Assurance des travailleurs se composent :

1° De la cotisation de tous les travailleurs de l'établissement dans les conditions fixées article 19 ;

2° Du produit des amendes infligées pour contraventions aux règlements intérieurs des bureaux ou des ateliers ;

3° Des retenues pour casse, malfaçon, poids trop lourds, fournitures de limes et autres causes prévues par le règlement des ateliers ;

4° Du produit des amendes et retenues prononcées dans le cas des articles 37 à 43 ;

5° D'une subvention que le Conseil de Gérance de l'Association peut accorder en exécution de l'article 99 des Statuts.

ART. 19. (1)

Tous les travailleurs de l'Association versent à l'Assusurance mutuelle contre la maladie des cotisations établies sur le taux de :

---

(1) — Modification suivant délibération de l'Assemblée générale du 18 novembre 1888.

1 1/2 0/0 de leurs salaires ou appointements s'ils habitent le Familistère;

1 0/0 s'ils habitent au dehors,

Sauf dans les deux cas suivants :

1° Si le chiffre des salaires ou appointements moyens n'atteint pas 100 francs par mois pour un chef de famille, sa cotisation est cependant calculée sur ce chiffre.

2° Si les salaires ou appointements moyens sont supérieurs à 150 francs par mois, la cotisation est facultative jusqu'à concurrence de la somme qui donnerait droit à une allocation égale aux deux tiers de ces salaires ou appointements.

Lorsque la situation financière de l'Assurance contre la maladie l'exige ou le permet, son Comité peut, d'accord avec le Conseil de Gérance de l'Association, élever ou réduire le taux des cotisations ou des allocations.

SECTION II

Participation à l'Assurance

ART. 20.

Dès son entrée dans les ateliers, bureaux ou magasins de l'Association, tout travailleur de l'un ou l'autre sexe, ouvrier ou employé, est inscrit d'office, par les soins du Secrétaire du Comité, sur le livre d'ordre de l'Assurance contre la maladie et astreint aux cotisations établies et réglées par les articles 18 et 19.

Sont dispensées de cette inscription les dames habitant le Familistère et faisant, à ce titre, partie de l'Assurance des dames du Familistère réglée au chapitre deuxième du présent titre.

SECTION III

Droits des Mutualistes

ART. 21. (1)

Après six mois de paiement régulier de la cotisation fixée par les articles 18 et 19, tout mutualiste atteint de maladie, blessure ou accident entraînant incapacité de travail a droit, pendant le laps maximum d'un an, sur sa demande présentée dans les formes prescrites par l'article 31 ;

1° Aux visites et aux soins des médecins agréés par l'Association :

2° A des allocations journalières fixées au minimum comme suit :

Pour tout individu qui, à son entrée dans les ateliers ou bureaux de l'Association, avait moins de quarante-cinq ans :

Deux fois le montant de la cotisation mensuelle pendant les trois premiers mois ;

Une fois et demi le montant de cette cotisation pendant les trois mois suivants ;

Une fois pendant les six derniers mois.

Pour tout individu entré au service de l'Association après quarante-cinq ans :

Une fois et quart le montant de la cotisation mensuelle pendant les trois premiers mois ;

Une fois pendant les trois mois suivants ;

Les trois quarts de cette cotisation pendant les six derniers mois.

Cette réduction n'est pas applicable aux travailleurs qui, après avoir été occupés dans l'usine ou les bureaux pendant cinq années avant d'avoir atteint quarante-cinq ans, ont quitté l'Association et y rentrent après cet âge.

---

(1) Modification suivant délibération de l'Assemblée Générale du 18 novembre 1888.

Dans les conditions prévues à l'alinéa final de l'article 19, le Comité de l'Assurance contre la maladie peut élever ou réduire le taux des allocations ou des cotisations.

L'allocation ne pourra être, en tous cas, jamais inférieure au taux de la pension à laquelle aurait droit le mutualiste s'il se trouvait dans les conditions prévues art. 4 et 5.

Art. 22.

Les six mois de cotisation ne sont pas exigés en cas de maladie, blessure ou accident survenus dans le travail, mais en ce cas l'allocation journalière n'est que du montant de la cotisation mensuelle.

Art. 23. (1)

Tout travailleur a droit aux allocations de l'Assurance deux jours après que la maladie l'a obligé à cesser de travailler.

Il n'est pas compté d'allocation les dimanches et jours fériés.

En cas de blessure apparente survenue au travail et constatée par deux délégués le mutualiste est payé dès le premier jour.

Mais si la maladie est la suite d'excès, d'intempérance ou d'inconduite, les trois premiers jours de maladie ne lui sont pas comptés. S'il en a reçu le paiement, il peut être obligé à restitution.

Art. 24. (2)

Les allocations cessent du jour où le malade reprend ou est notoirement en état de reprendre son travail ou ses occupations.

---

(1) Modification suivant délibération de l'Assemblée générale du 18 novembre 1888.

(2) Modification suivant délibération de l'Assemblée Générale du 18 novembre 1888.

Si le malade fait une rechute dans les dix jours qui suivent la reprise de son travail, ses allocations lui sont comptées à partir du premier jour de la rechute.

ART. 25.

Lorsqu'après avoir reçu pendant trois mois des allocations de maladie, le mutualiste fait une rechute dans le mois qui suit la reprise de son travail, les allocations lui sont servies au même taux que si l'incapacité du travail n'avait pas été interrompue.

ART. 26. (1)

Après le laps d'une année les allocations de l'Assurance contre la maladie sont supprimées.

A l'époque de cette suspension, si le mutualiste est déclaré incurable et s'il remplit les conditions de l'article 4, il passe à l'Assurance des pensions et du minimum de subsistance.

ART. 27.

Toute personne congédiée ou exclue de l'Association du Familistère, aux termes des articles 22 et 26 des Statuts, cesse d'avoir droit aux allocations à partir de la notification du congé ou de l'exclusion ; néanmoins, d'accord avec le Conseil de gérance, le Comité peut prolonger les allocations jusqu'à la sortie effective.

Le sociétaire congédié pour cause de manque d'ouvrage (art. 22 des Statuts) conserve son droit aux allocations tant qu'il habite le Familistère et paie des cotisations.

---

(1) Modification suivant délibération de l'Assemblée Générale du 18 novembre 1888.

SECTION IV

Maladies exceptionnelles.

ART. 28 (1)

Tout travailleur en entrant au service de l'association est tenu de payer la visite de l'un des médecins de l'établissement.

Si à son entrée il est atteint d'une maladie chronique ou d'une infirmité, telle que varices, ulcères, etc., et qu'il se trouve blessé ou malade de ce fait, il est soumis, pour les allocations, au régime des travailleurs entrés dans l'établissement après l'âge de quarante-cinq ans.

ART. 29.

Toute maladie contractée en dehors de l'établissement par des excès et une inconduite notoire ne donne droit qu'à une allocation journalière s'élevant au montant de la cotisation mensuelle.

ART. 30.

Le réglement de l'usine interdisant formellement de marcher pieds nus, il n'est accordé aucune indemnité pour accidents survenus à la suite d'infractions à cette défense, de même que l'infraction n'est punie d'aucune amende.

SECTION V

Bulletins

ART. 31. (2).

Tout malade doit, pour toucher les allocations réglementaires, demander ou faire demander à l'un des délégués de

---

(1) Modification suivant délibération de l'Assemblée Générale du 18 novembre 1888.

(2) Modification suivant délibération de l'Assemblée générale du 18 novembre 1888.

son atelier ou de son bureau un bulletin de maladie. Le
médecin ou la sage-femme y consigne la nature de la maladie,
de la blessure ou de l'accident qui provoque l'incapacité de
travail, et le jour de la reprise du travail.

Ce bulletin est délivré au secrétariat des assurances et
détaché d'un registre à souche ; les noms du malade et du
délégué qui a fait délivrer le bulletin sont inscrits à la souche.

Les visites du médecin sont inscrites au verso du bulletin.

ART. 32.

Les noms des mutualistes auxquels un bulletin de maladie
a été délivré sont inscrits sur un tableau spécial placé au
lieu ordinaire des affichages de l'établissement.

Chacun des membres du Comité a, en outre, un carnet de
service sur lequel il inscrit le nom du malade et les renseignements nécessaires pour le règlement des allocations.

SECTION VI

Visites

ART. 33.

Les malades résidant à Guise et en état de sortir sont
tenus de se présenter à leur atelier ou bureau deux fois
par semaine, les lundi et jeudi, afin que leur état soit
constaté par le membre du Comité qui a fait délivrer le
bulletin de maladie ou, en son absence, par le Président ou
le Secrétaire du Comité.

Les malades qui résident dans les villages voisins ne sont
astreints à se présenter que le jeudi dans les mêmes
conditions.

ART. 34.

Tout malade qui ne peut sortir est visité à domicile, au
moins une fois la semaine, par un des membres du Comité,
délégué à cet effet. (Art. 91.)

SECTION VII

Devoirs et obligations des malades

ART. 35.

Le malade n'a droit aux allocations journalières qu'à la condition d'avoir fait régulièrement constater son état sur son bulletin par le médecin ou la sage-femme.

Le bulletin de maladie doit être remis au Secrétaire du Comité la veille du jour de la paie avant midi, afin que le Comité réuni ce jour-là (art. 83) puisse discuter la validité des demandes.

Le paiement de tout bulletin non remis en temps utile est ajourné à la quinzaine suivante.

ART. 36.

Tout malade dans la nécessité de quitter sa résidence habituelle est tenu, pour avoir droit aux allocations, d'envoyer chaque semaine un bulletin de son état de santé signé d'un médecin de la localité où il a transporté sa résidence.

Il reçoit l'allocation réglementaire, à charge par lui de la faire toucher sur quittance à la caisse de l'établissement.

SECTION VIII

Infractions et amendes

ART. 37.

Les allocations sont refusées ou retirées au malade qui, au début ou dans le cours de son incapacité de travail, ne remplit pas les obligations du présent règlement.

ART. 38.

Le mutualiste qui reprend son travail est tenu, sous peine de perdre une journée d'allocation, de le déclarer le jour même au membre du Comité qui lui a fait délivrer son

bulletin de maladie ; en cas d'absence de ce membre, la
déclaration est faite au Secrétaire du Comité.

Art. 39.

Toute personne qui, par un moyen quelconque, abuse
des secours de l'Assurance en se faisant compter des allocations auxquelles elle n'a pas droit, ou qui se livre à des actes
de nature à empêcher ou retarder sa guérison peut être
obligée, par une résolution du Comité, à restituer une somme
proportionnelle au préjudice causé à l'Assurance.

En cas d'incapacité de travail se prolongeant après la
constatation de l'abus, la restitution peut être remplacée par
la suppression des allocations pendant une période corres-
pondante au montant de cette restitution.

Art. 40.

En cas d'ivresse constatée pendant la période d'allocation,
le malade en faute est mis à l'amende de 2 francs et privé
de l'allocation de la journée pendant laquelle il s'est mis en
cet état.

Sa seule présence dans un débit de boissons entraine
la privation de l'allocation de la journée.

Art. 41.

Tout propos grossier ou inconvenant adressé à un visiteur délégué est, selon la gravité des cas, puni d'une amende
de 1 à 3 francs.

Art. 42.

Tout travailleur qui, sans avoir demandé à son chef hié-
rarchique l'autorisation de s'absenter de l'établissement,
demeure plus de six jours dehors sans justifier près de ce
dernier la cause de son absence, perd ses droits à l'Assurance ; il ne les recouvre qu'après six mois de séjour.

ART. 43.

Tout individu qui abandonne l'usine après avóir fait signer son livret et qui rentre dans l'établissement est assimilé aux nouveaux venus et n'a, comme eux, droit aux allocations qu'après six mois de séjour.

SECTION IX

Service médical

ART. 44.

Le Comité, d'accord avec le Conseil de Gérance, détermine, chaque année, la somme allouée par l'Assurance mutuelle des travailleurs au service médical. Cette somme est répartie entre les divers médecins attachés à l'Association, au prorata du nombre des malades que chacun d'eux a traités dans l'exercice annuel.

ART. 45.

Le Comité de l'Assurance et le Conseil de Gérance arrêtent, d'accord avec les médecins, le tarif applicable au traitement des maladies ou blessures exceptionnelles.

SECTION X

Administration

ART. 46.

L'Assurance des travailleurs est administrée par un Comité de dix-huit membres élus selon les conditions fixées par les articles 75 à 78.

CHAPITRE II

Assurances des Dames du Familistère

SECTION I

Ressources

ART. 47. (1)

Les ressources de l'Assurance des dames du Familistère se composent :

1° Des cotisations des mutualistes fixées au minimum de 50 centimes par mois ou 2 % des gains lorsque les 2% sont supérieurs à ce minimum, toutefois ces cotisations ne pourront dépasser 3 francs par mois ;

2° Du produit des amendes perçues dans le Familistère, lequel lui est abandonné par l'Association ;

3° De la subvention complémentaire que lui alloue l'Association.

Cette subvention ne peut jamais dépasser le montant total des cotisations annuelles.

Voir, en outre, le dernier alinéa de l'art. 19.

ART. 48.

Les mutualistes de l'Assurance des dames ont la faculté d'élever le chiffre de leur cotisation, mais elles n'y sont admises qu'en bon état de santé.

La demande que peut faire dans ce but une femme enceinte n'est accueillie qu'après sa délivrance et son entier rétablissement.

Toute demande admise contrairement aux règles qui

---

(1). — Modification suivant délibération de l'Assemblée générale du 15 novembre 1885.

précèdent reste sans effet. La différence de cotisation versée par l'intéressée lui est restituée, et l'allocation accordée pendant la maladie servie aux taux correspondant à la cotisation primitive.

SECTION II

Participation à l'Assurance

ART. 49.

Toute dame habitant le Familistère est inscrite d'office, à partir de quatorze ans révolus, par les soins de la Secrétaire du Comité, sur le livre d'ordre, (art. 66) comme participant à l'Assurance des dames.

SECTION III

Droits des Mutualistes

ART. 50. (1)

Six moix après cette inscription sur le livre d'ordre de l'Assurance (art. 66), toute femme malade a droit :

1º Aux visites et aux soins du médecin ou de la sage-femme de son choix ;

2º A des allocations journalières fixées comme suit :

Une fois et demie le montant de la cotisation mensuelle pendant la période aiguë du mal, c'est-à-dire celle où la malade est forcée de garder le lit ou dans l'impossibilité de se servir elle-même ;

Les trois quarts de la cotisation mensuelle pendant la période de convalescence ou pour toute indisposition qui, sans mettre la femme dans l'incapacité de toute occupation, ne lui permet, néanmoins, ni de faire les gros travaux du

---

(1). — Modification suivant délibération de l'Assemblée générale du 15 novembre 1885.

ménage, tels que cuisine, lavage du linge, ou lavage des appartements, ni de se livrer à ses occupations professionnelles.

Voir, en outre, le dernier alinéa de l'art. 21, les deux premiers alinéas de l'art. 26 et les art. 24 et 27.

ART. 51.

En cas d'accouchement, l'allocation la plus élevée est due pendant neuf jours. Passé ce délai, l'article ci-dessus est applicable.

SECTION IV

Devoirs et Obligations des Malades

ART. 52. (1)

Toute femme malade doit, pour toucher les allocations réglementaires, demander ou faire demander à l'économat du Familistère le bulletin dont il est parlé art. 31.

ART. 53. (2)

Les mêmes formalités sont à remplir pour obtenir gratuitement les soins du médecin en faveur d'un enfant malade dans la famille.

Ces visites sont portées au compte de l'Assurance des pensions et du nécessaire.

ART. 54.

La présente section se complète par les art. 35, 36, 37 de l'Assurance des travailleurs.

---

(1). — Modification suivant délibération de l'Assemblée générale du 18 novembre 1888.

(2). — Modification suivant délibération de l'Assemblée générale du 18 novembre 1888.

SECTION V

Visite des Malades

Art. 55.

Les dames chargées de visiter à domicile les malades sont prises à tour de rôle, suivant l'ordre alphabétique de leurs noms, parmi les neuf membres du Comité, à l'exception de la Présidente et de la Secrétaire, dispensées de cette mission à cause des autres services qu'elles rendent à l'Assurance.

La mission de visiteuse dure une semaine.

Art. 56.

Pour l'ordre du service, la visiteuse reçoit de la Secrétaire une feuille de visite sur laquelle elle inscrit les noms des malades visitées, la nature et la marche de la maladie ainsi que les infractions au règlement, s'il y a lieu.

Les noms des malades sont demandés par la visiteuse à l'économat du Familistère et fournis par l'employé qui délivre les bulletins de maladie.

Sa mission remplie, la visiteuse renvoie sa feuille de visite à la Secrétaire du Comité.

La visiteuse qui ne peut remplir sa mission est tenue dans les deux jours qui suivent la remise de la feuille par la Secrétaire, de retourner cette pièce en donnant les motifs de son empêchement.

Après deux renvois successifs sans motif légitime ni explication valable, la visiteuse est considérée comme démissionnaire du Comité et remplacée comme l'indique l'article 79.

Les feuilles de visite sont déposées par la Secrétaire sur le bureau du Comité à chaque réunion ordinaire. (Art. 80.)

Les dames visiteuses ont, en outre, à consulter les articles 91 à 93.

SECTION VI

Service des Sages-Femmes

ART. 57. (1)

Une somme de dix francs est allouée à la sage-femme par chaque accouchement simple. Les visites pendant la ɫ ossesse et la vaccination de l'enfant nouveau-né sont comprises dans cette somme.

Une somme de quatre francs est, en outre, complée à la sage-femme, pour rétribution de ses soins, en cas de maux de sein ou de maladie amenée par les couches.

Ces dépenses sont prélévées sur les fonds de l'Assurance des pensions et du nécessaire.

SECTION VII

Administration

ART. 58.

L'Assurance des dames est administrée par un Comité de neuf membres élus selon les indications des articles 75 à 78.

CHAPITRE III

Fonds de Pharmacie.

SECTION I

Ressources.

ART. 59.

Les ressources du fonds de pharmacie se composent :

1° Des cotisations des personnes de l'un et de l'autre sexes, âgées de plus de quatorze ans, habitant le Familistère.

---

(1) — Modification suivant délibération de l'Assemblée générale du 18 novembre 1888.

Ces cotisations sont fixées à 50 centimes par mois.

2° D'une subvention que l'Association accorde, lorsqu'il y a lieu, pour couvrir les dépenses. Cette subvention ne peut jamais dépasser la somme des cotisations de l'année.

Si ce complément devient insuffisant, le Conseil de Gérance, d'accord avec le Comité du fonds de pharmacie, doit élever les cotisations et la subvention dans la proportion nécessaire pour qu'il n'y ait plus déficit.

SECTION II

Droits des Mutualistes.

ART. 60. (1)

Après six mois de cotisations, le fonds de pharmacie accorde gratuitement aux mutualistes et à leurs enfants les médicaments ordonnés par le médecin ou la sage-femme, comme il est dit à l'article 1er, ainsi que les bains, ustensiles et linge nécessaires aux soins des malades.

ART. 61.

Les mutualistes n'ont droit à la délivrance gratuite des remèdes et médicaments que pour cause de maladie entraînant cessation de travail. En ce qui concerne les enfants, la gratuité n'existe que si l'indisposition ou la maladie a été soignée par le médecin ou la sage-femme.

ART. 62.

Les maladies occasionnées par l'intempérance ne donnent pas droit à la gratuité des remèdes.

---

(1) — Modification suivant délibération de l'Assemblée générale du 18 novembre 1888.

Art. 63.

Le fonds de pharmacie pourvoit aux frais civils des funérailles des mutualistes.

SECTION III

Ordonnances Médicales.

Art. 64.

Les ordonnances médicales sont délivrées sur des imprimés que le Président du comité remet aux médecins et aux sages-femmes; ces ordonnances sont datées et signées par le médecin ou la sage-femme, et c'est sur le vu de ces documents, comme pièces justificatives, que les notes des pharmaciens sont réglées.

SECTION IV

Administration

Art. 65.

Le fonds de pharmacie est administré par un Comité composé comme l'indique l'article 73.

Ce comité nomme deux de ses membres qui, avec le Secrétaire, sont chargés de vérifier les comptes et ordonnances et d'en faire rapport.

TITRE QUATRIÈME

Dispositions générales.

SECTION I

Mesures d'ordre.

ART. 66.

Chaque Assurance a son livre d'ordre sur lequel est inscrit chacun des membres avec ses noms, prénoms, domicile et le montant de sa cotisation mensuelle.

ART. 67.

Tout mutualiste inscrit sur le livre d'ordre de l'une ou l'autre des Assurances mutuelles est tenu de prendre dans le présent règlement connaissance des dispositions particulières à cette assurance, ainsi que des dispositions générales qui font l'objet du présent titre.

Le fait de son admission et de son inscription emporte adhésion aux unes et aux autres.

ART. 68.

Les cotisations concernant l'Assurance des travailleurs sont prélevées chaque quinzaine sur le salaire des ouvriers, ou chaque mois sur les appointements des employés, par les soins du préposé à la paye des uns et des autres.

Les cotisations de l'Assurance des dames du Familistère et celles du fonds de pharmacie sont portées sur la quittance du logement et payées, comme le loyer lui-même, soit par retenues sur les salaires, soit par versements directs à la caisse du Familistère.

Nul ne peut être dispensé de payer sa cotisation pour quelque cause que ce soit. Cette cotisation est due même pendant les périodes d'allocations en cas de maladie, et peut être, au besoin, retenue sur ces allocations.

Les sommes ainsi perçues sont portées sur les livres de la comptabilité, au crédit de chacune des Assurances auxquelles elles appartiennent.

SECTION II

Réclamations

ART. 69.

Toute réclamation au sujet de l'une quelconque des assurances, pour tel motif que ce soit, doit être faite à l'un des membres du Comité de cette assurance, qui fait le nécessaire pour porter la chose à la connaissance du Comité.

ART. 70.

Lorsque l'une des mesures disciplinaires édictées par les articles 37 à 43 est reconnue avoir été mal à propos appliquée, le Comité qui l'a prononcée, après s'être entendu avec le Conseil de Gérance, rapporte sa décision et, s'il y a lieu, délivre au réclamant un bon de restitution.

En cas de remise des amendes mentionnées article 18, n° 2, le comité délivre également, s'il y a lieu, le bon de restitution.

SECTION III

Secours exceptionnels.

ART. 71.

Dans le cas où l'application du présent Règlement laisse l'une des personnes attachées au service du Familistère ou

des usines exposée à l'abandon et à la misère, les Comités
saisissent immédiatement de la question l'Administrateur-
Gérant, afin que les mesures nécessaires soient prises pour
accorder les secours réclamés par la situation.

TITRE CINQUIÈME

Administration et Comités

SECTION I

Surveillance et Contrôle.

ART. 72.

Les Assurances sont administrées sous la surveillance
et le contrôle de la Gérance de l'Association

L'Administrateur-Gérant, les membres du Conseil de
Gérance et les Commissaires de surveillance veillent à la
juste et fraternelle application des règles communes ou
spéciales à chacune des Assurances, telles qu'elles sont
inscrites au présent Règlement.

L'Administrateur-Gérant préside, quand il le juge utile,
les réunions des Comités. Il peut déléguer à cette mission
un membre du Conseil de Gérance dans le cas où le Président ou la Présidente du Comité de l'Assurance ne fait pas
partie du Conseil de Gérance.

SECTION II

Composition des Comités.

ART. 73.

L'Assurance des travailleurs contre la maladie est administrée par un Comité de dix-huit membres, dont neuf sont nommés au Familistère et choisis exclusivement parmi les associés et sociétaires, et neuf élus à l'usine par tous les travailleurs sans exception. (Art. 75 à 77.)

Les dames du Familistère nomment entre elles neuf déléguées pour l'Administration de leur Assurance contre la maladie.

Les neuf dames et les neuf hommes élus au Familistère constituent, par leur réunion, le Comité de l'Assurance des pensions et du nécessaire et celui du fonds de pharmacie.

ART. 74.

Le Conseil de Gérance de l'Association peut proposer à l'Assemblée générale des associés de restreindre ou d'augmenter, suivant les besoins, le nombre des délégués.

SECTION III

Élection des Comités

ART. 75.

Il faut avoir vingt et un ans révolus pour être électeur aux Comités des Assurances et vingt-cinq ans pour être éligible.

Chaque Comité est renouvelé partiellement aux époques fixées article suivant, selon le roulement établi pour que les élus ne soient pas moins d'un an en fonctions

Les membres sortants sont rééligibles.

ART. 76.

Le dernier dimanche de mars, les habitants du Familistère sont convoqués pour élire :

Les hommes, cinq des membres du Comité de l'Assurance mutuelle contre la maladie ;

Les dames, cinq des membres de leur Comité spécial.

Les uns et les autres nomment deux membres suppléants à chacun des Comités.

Les habitants du Familistère sont de même convoqués le dernier dimanche de septembre pour élire les quatre autres membres dont le mandat est à renouveler dans chaque Comité et deux membres suppléants.

Dans la semaine qui suit les élections semestrielles du Familistère, tous les travailleurs de l'Association sont convoqués en sections particulières pour renouveler le mandat de leurs neuf délégués spéciaux, comme suit :

En Mars,	Fonderie et râperie	2 délégués.
—	Ajustage et magasin	1 —
—	Outillage et modèles	1 —
—	Menuiserie, scierie, construc-	
—	tion, terre réfractaire . . .	1 —
	TOTAL . . .	5 délégués.

En Septembre,	Émaillage, décoration. boutons,	
—	cuivrerie, fonte malléable. .	1 délégué.
—	Bureaux.	1 —
—	Ajustage et magasin	1 —
—	Fonderie et râperie.	1 —
	TOTAL . . .	4 délégués.

ART. 77.

Les convocations ont lieu par voie d'affiches. Ces affiches signées du Président et du Secrétaire de chacun des Comités, sont apposées au moins cinq jours à l'avance dans les emplacements ordinaires du Familistère et de l'usine.

Elles indiquent le lieu, le jour et l'he:..e des élections ainsi que les noms des membres restants. Elles sont accompagnées du tableau de la situation financière de l'Assurance par débit et crédit.

Les élections ont lieu au scrutin secret et à la majorité des votan:s. Au second tour, s'il y a lieu, la majorité relative emporte nomination. En cas d'égalité de voix, le candidat le plus ancien dans l'établissement est élu.

Les élections pour chacun des Comités sont faites sous le contrôle du Président assisté des membres du Comité.

A l'usine, les votes sont dépouillés par le chef du bureau ou le contre-maître de l'atelier assisté des membres du Comité.

Le résultat du vote est affiché aussitôt acquis.

Le procès-verbal de l'élection est consigné à l'ordre de sa date, par le Secrétaire, sur le registre spécial des opérations du Comité.

SECTION IV

Fonctions des Comités

ART. 78.

Après chaque élection semestrielle, les neuf délégués nommés au Familistère se réunissent et nomment entre eux le Président et le Vice-président, le Secrétaire et le Secrétaire-adjoint qui forment le bureau du Comité d'administration de l'Assurance des travailleurs contre la maladie.

Le Comité des dames en fait autant pour son Assurance.

Les deux Comités réunis des hommes et des dames qui ont charge d'administrer l'Assurance des pensions et le fonds de pharmacie nomment entre eux le bureau fonctionnant pour ces deux objets.

Les Présidents, Vice-présidents, Secrétaires et Secrétaires-adjoints ne sont pas rééligibles deux fois de suite dans la même fonction.

Art. 79.

Les membres suppléants nommés au Familistère remplacent, selon l'ordre indiqué par le nombre des suffrages qu'ils ont obtenus, ou, en cas d'égalité. en commençant par le plus ancien dans l'établissement, les membres titulaires absents, décédés ou démissionnaires.

Art. 80.

Le Comité de l'Assurance des travailleurs se réunit au lieu habituel des séances deux fois par mois, pour le contrôle de tout ce qui constitue le service de l'Assurance et, en particulier, pour dresser les bordereaux d'allocations.

Le Comité de l'Assurance des dames en fait autant au Familistère.

Les neuf délégués nommés au Familistère et les neuf dames se réunissent deux fois par mois, sur la convocation de leur Président, pour veiller au fonctionnement de l'Assurance des pensions et du nécessaire et à l'emploi du fonds de pharmacie.

Art. 81.

Les délégués du Comité des travailleurs signalent au Président, dans leurs réunions ordinaires, les cas d'infortune qui, suivant les prescriptions des articles 1, 4, 5, 9, 14, relèvent de l'Assurance des pensions et du nécessaire.

Art. 82.

Les Comités dressent autant de bordereaux qu'ils règlent de chapitres de dépenses, savoir :

1° Le bordereau des pensions ;

2° Le bordereau du nécessaire à la subsistance ;

3° Le bordereau des allocations supplémentaires aux associés et sociétaires malades ;

4° Le bordereau des allocations aux malades relevant de l'Assurance des travailleurs ;

5° Le bordereau des allocations aux dames malades du Familistère.

Ces bordereaux avant d'être payés sont soumis au visa de l'Administrateur-Gérant ou de son délégué.

Le Comité chargé de l'emploi du fonds de pharmacie examine les comptes de fournitures des pharmaciens ; il vérifie la régularité des ordonnances à l'appui ; il s'assure de l'état des recettes et dépenses afin de maintenir l'équilibre ; il informe la Gérance de l'Association des fluctuations que le fonds de pharmacie peut éprouver.

Art. 83. (1)

Le versement des pensions, des subventions aux familles et allocations aux malades a lieu les 1er et 16 de chaque mois, ou le lendemain si ces dates tombent un dimanche ou un jour férié.

Dans l'intervalle des dates de paiement, sur l'autorisation expresse et spéciale du Président du Comité, des avances peuvent être faites à valoir sur les paiements à effectuer.

Art. 84.

Les Comités peuvent être convoqués en réunion extraordinaire par leur Président, chaque fois que celui-ci le juge utile, ou qu'il en reçoit la demande de la moitié des membres du Comité.

En ce cas, les convocations ont lieu par une note signée du Président, indiquant le lieu, le jour, l'heure et l'objet de la réunion.

Art. 85.

Chaque Comité reçoit toute proposition ou réclamation et délibère sur toute question intéressant le service de l'Assurance qui lui est confié. Il statue sur les contraventions au

---

(1) Modification suivant délibération de l'Assemblée Générale du 18 novembre 1888.

présent règlement et applique, selon les cas, les peines prévues par les articles 37 à 43.

Les amendes ou retenues sont consignées sur le carnet de travail de l'ouvrier. S'il s'agit d'un employé, le Comité de l'Assurance en avise le chef de comptabilité pour que les amendes ou retenues soient prélevées, en fin de mois, sur le compte de l'employé en faute.

Art. 86.

La présence d'au moins la moitié plus un des membres du Comité est exigée pour la validité des délibérations.

Toutefois, le règlement des allocations à faire aux nécessiteux est toujours arrêté dans les réunions ordinaires, quel que soit le nombre des membres présents.

Tout membre qui se dispense d'assister aux séances trois fois de suite, sans motif valable et sans prévenir à l'avance le Président, est considéré comme démissionnaire.

Si ce membre fait partie des délégués nommés au Familistère, il est remplacé comme le prescrit l'article 79.

S'il fait partie des neuf délégués nommés à l'usine, le démissionnaire est remplacé par la voie d'une élection nouvelle dans la section du personnel qu'il représentait.

Art. 87.

Les résolutions de chacun des Comités sont prises à la majorité des voix. En cas de partage, la voix du Président est prépondérante.

SECTION V

Présidence

Art. 88.

Dans chacun des Comités, le Président veille à l'inscription des mutualistes sur le livre d'ordre de l'Assurance et à la régularité du taux de leur cotisation.

Il dirige et inspecte le service, convoque les électeurs aux époques fixées, dresse l'ordre du jour des réunions ordinaires ou extraordinaires du Comité.

Il dirige les délibérations et maintient l'ordre.

Il signe les procès-verbaux des séances et les copies ou extraits qui en peuvent être délivrés.

C'est lui qui est spécialement chargé de déférer au Comité les infractions au règlement; il reçoit à cet effet tous rapports, notamment ceux des délégués visiteurs. (Art. 91 et 92.)

Il est, en cas d'absence, remplacé dans ses fonctions par le Vice-Président.

Art. 89.

En ce qui concerne l'Assurance des travailleurs, le Président a la charge spéciale de veiller à l'affichage, au lieu ordinaire, du tableau dressé chaque quinzaine par les soins de la comptabilité de l'Association, pour indiquer la situation de l'Assurance par débit et crédit.

SECTION VI

Secrétariat

Art. 90.

Dans chacun des Comités, le Secrétaire se concerte avec l'employé comptable de l'usine ou du Familistère, qui peut lui fournir les renseignements nécessaires pour tenir à jour le livre d'ordre de l'Assurance.

Il transmet à qui de droit les convocations ordonnées par le Président, rédige sur un registre spécial les procès-verbaux des élections et ceux des réunions du Comité, et en délivre au besoin des copies ou extraits qu'il signe avec le Président.

Il dresse et transmet à qui de droit les bordereaux prescrits par l'article 82.

Il reçoit en dépôt toutes les pièces et documents dont le Comité ordonne la conservation.

SECTION VII

Délégués-Visiteurs.

ART. 91.

Les membres du Comité, délégués pour visiter les malades, sont désignés par voie de tirage au sort. Néanmoins, le Président du Comité a la faculté de désigner tel ou tel délégué pour remplir cette mission.

ART. 92

Les visiteurs s'assurent de la situation du malade. Ils doivent être admis près de celui-ci sans délai ni difficultés. S'ils ne peuvent remplir leur mission, ils sont tenus d'en faire rapport.

Dans le cas où ils ne rencontrent pas le malade, ils doivent se renseigner sur sa situation et ils en dressent rapport. leur mission ayant pour objet non-seulement de connaître l'état du malade, mais aussi de prévenir ou relever les abus prévus par les articles 37 à 43.

ART. 93.

Tout membre d'un comité qui visite un malade n'a droit à l'indemnité fixée au deuxième paragraphe de l'article 95 que lorsqu'il agit comme visiteur en titre ou par ordre du Président.

SECTION VIII

Rétribution e Service des Comités.

ART. 94.

Les Comités fonctionnant au Familistère sont rétribués comme suit :

Les membres présents à l'appel des noms au début de toute séance ont droit chacun à une indemnité de présence de 25 centimes ; semblable indemnité leur est comptée par chaque demi-heure de présence aux séances.

Le Secrétaire a droit, en outre, à deux présences valant ensemble 50 centimes par chaque procès-verbal qu'il rédige.

Une indemnité de deux présences est également comptée à chacun des visiteurs de semaine sur le vu de sa feuille de visite.

ART. 95.

En ce qui concerne l'Assurance des travailleurs, chacun des membres du Comité, sans exception, reçoit une allocation mensuelle de cinq francs.

Une indemnité proportionnelle à son gain journalier et au temps employé est allouée au visiteur qui, avec l'autorisation du Président, consacre son temps à faire près d'un malade l'enquête nécessaire.

Les rétributions indiquées par cet article et par le précédent sont portées aux frais généraux de l'Association.

TROISIÈME PARTIE

RÈGLEMENT

TITRE PREMIER

De l'Existence matérielle de l'Association.

ARTICLE PREMIER

Une première obligation s'impose à l'Association, celle
d'assurer ses moyens d'existence et de durée, afin d'accomplir les devoirs sociaux, qui sont sa principale raison d'être.

ART. 2.

C'est par le travail que l'Association doit vivre et se soutenir, et c'est par une bonne direction que le travail devient
fructueux et profitable.

Il est donc nécessaire pour l'Association d'avoir une
bonne administration, afin de tirer le meilleur parti possible
de ses forces, de faire le meilleur usage de ses ressources,
d'assurer la prospérité commune et d'atteindre ainsi le but
moral qu'elle s'est assigné.

L'ordre dans les détails et dans l'ensemble des services
est une des premières conditions pour atteindre ces résultats.

L'Association doit donc veiller avec la plus grande attention à donner à l'activité, à la capacité et à l'intelligence la place qui leur convient : car c'est dans le travail intelligemment dirigé que se trouve la puissance qui procurera aux membres de l'Association l'aisance et la richesse.

CHAPITRE I

Des Concours.

ART. 3.

Afin de mettre les fonctions et emplois aux mains des plus dignes et des plus capables, les concours institues (art. 112 à 115 des Statuts) sont réglés de la façon suivante :

Le concours est permanent. Toute personne attachée à l'Association peut, quand il lui plaît, remettre entre les mains du Président des Conseils un mémoire, selon les règles prescrites ci-après, en vue d'obtenir soit un nouvel emploi, soit de l'avancement, soit une augmentation d'appointements.

ART. 4.

Une bonne conduite est la première condition pour être admis à concourir.

ART. 5.

Le concours se fait en deux séries d'épreuves :
1° Épreuve écrite,
2° Épreuve orale.

ART. 6.

Tout mémoire déposé est examiné pendant le mois qui suit son dépôt, et l'examen oral a lieu au plus tard dans le mois suivant, par le Conseil de Gérance ou par une délégation de ce Conseil.

Art. 7.

Chaque mémoire doit être daté, signé et écrit en entier de la main du candidat.

Les personnalités doivent y être soigneusement évitées. Le mémoire qui, à un degré quelconque, soulève une discussion de personnes n'est pas pris en considération et est renvoyé à son auteur.

Art. 8.

L'examen oral porte d'abord sur les points traités dans le mémoire, de manière à s'assurer que le candidat possède bien la matière qui en fait l'objet.

L'examen s'étend ensuite à toutes autres questions que les examinateurs jugent à propos de poser, afin de s'assurer de la valeur intellectuelle et morale du candidat, de ses aptitudes et de sa capacité au point de vue de la fonction qu'il postule, ou pour se rendre compte du bien-fondé de sa demande.

Le résultat de l'examen est constaté dans un procès-verbal dont copie est annexée à la demande.

CHAPITRE II

Mémoires annuels des Conseillers

Art. 9. (1)

Pour donner l'exemple des mesures d'ordre qui sont la règle de l'Association, les membres du Conseil de Gérance déposent chaque année, sur le bureau du Conseil, à la séance de fin septembre, un mémoire sur les principaux faits se rattachant à leurs fonctions, les conséquences et les prévisions à en tirer, les améliorations utiles à introduire dans

---

(1) Modification suivant délibération du Conseil de Gérance du 2 juin 1885.

les services, enfin toute idée utile à la bonne marche des
affaires de l'Association et à sa prospérité.

Les données théoriques et pratiques que renferment ces
mémoires constituent le manuel des connaissances pratiques
à l'usage de la direction de l'Association.

Ces mémoires sont soumis aux prescriptions de l'article
7 du présent Règlement.

Si un Conseiller ne dépose pas son mémoire annuel,
mention en est faite au répertoire-catalogue desdits mémoires.

CHAPITRE III

Concours aux fonctions électives de Conseillers de Gérance.

ART. 10. (1).

Chaque candidat aux fonctions électives de Conseiller de
Gérance doit remettre à l'Administrateur-Gérant un mémoire
exposant ses idées sur :

1° Les devoirs des Conseillers envers l'Association ;

2° Les attributions que comporte son emploi ;

3° Les propositions qu'il croit profitables à l'intérêt
commun.

L'examen de ces travaux a lieu comme il est dit articles
6 et 8.

A la suite de cet examen, le Conseil détermine quels
sont les candidats qui peuvent être admis à titre d'Auditeurs
au Conseil de Gérance et au Conseil de l'Industrie.

Les Auditeurs nommés en vertu du présent article ou
assistant aux conseils en vertu de l'art. 109 des statuts, s'ils
ne sont rétribués au mois pour leurs travaux journaliers,
reçoivent une indemnité au moins équivalente à la perte de

---

(1) Modification suivant délibération du Conseil de Gérance du 2 juin 1885.

gain qu'entraînerait pour eux leur présence aux séances des Conseils.

ART. 11.

Lorsqu'une vacance se produit parmi les Conseillers élus, il est annoncé par voie d'affiche que le concours à cette fonction est ouvert pendant un mois.

Les nouvelles demandes doivent être déposées pendant les quinze jours qui suivent l'affichage.

Les candidats admis par ce nouveau concours sont adjoints à ceux de la précédente liste.

Tout Conseiller dont le mandat est expiré doit, s'il veut faire partie des éligibles, déposer un mémoire nouveau, mais sans qu'il y ait lieu pour lui à un nouvel examen oral.

C'est dans la liste des Auditeurs ainsi complétée que se fait l'élection ; cette liste est portée à la connaissance des associés quinze jours au moins avant l'élection. Les candidats y sont inscrits selon l'ordre de mérite qui leur a été attribué dans le concours.

Les mémoires déposés à cette occasion sont tenus à la disposition des associés.

CHAPITRE IV

Concours aux Emplois.

ART. 12.

Tout aspirant à un emploi ou à une promotion quelconque doit déposer entre les mains de l'Administrateur-Gérant sa demande et un mémoire dans lequel il expose :

1° Ses idées sur la fonction à laquelle il aspire, au point de vue des intérêts de l'Association, de la production industrielle et de la bonne marche de l'industrie ;

2° Les améliorations qu'il croit possibles dans son emploi présent, s'il est déjà employé.

L'examen a lieu comme il est dit art. 6 et 8.

La suite à donner à la demande est remise aux soins de la Gérance.

ART. 13.

Tous les mémoires déposés, tant ceux des Conseillers de Gérance que ceux des aspirants à une fonction ou à un emploi quelconque, sont soigneusement conservés et classés aux archives de l'Association, avec les procès-verbaux qui les concernent, dans l'ordre arrêté par le Conseil de Gérance, de façon à être facilement consultés par les associés.

CHAPITRE V

Choix des surveillants du travail.

ART. 14. (1)

Les surveillants du travail doivent savoir lire, écrire et chiffrer.

Quiconque tient un débit de boissons ne peut être employé dans l'usine à titre de surveillant, contre-maître ou chef d'atelier.

----

(1). — Modification suivant décision du Conseil de Gérance du 13 janvier 1891

TITRE DEUXIÈME

De la main-d'œuvre et des Tarifs

Art. 15.

Pour conserver son travail et ses ressources, l'Association doit perpétuer dans son sein les bonnes traditions de travail, les connaissances techniques et l'esprit de création et d'invention. Elle doit se préoccuper sans cesse de faire les choses utiles réclamées par les besoins de la consommation.

Art. 16.

La perfection et le bon marché des produits sont les deux qualités que l'Association doit chercher à atteindre pour mériter la confiance du commerce et des consommateurs.

Art. 17.

L'Association, tout en cherchant un salaire rémunérateur pour ses membres, doit faire en sorte que le gain tiré de la production soit raisonnablement établi. Il faut, en outre, que le travail soit fait rapidement et par les moyens les plus économiques.

Les membres de l'Association ont intérêt, pour vendre leurs produits, à ce que les prix de la main-d'œuvre soient justement établis dans tous les travaux, puisque, s'il y a bénéfice, il est partagé en proportion du travail que chacun a fait.

S'il arrive qu'il y ait perte sur la fabrication, c'est la preuve, au moins dans l'état présent de l'organisation de l'industrie, que le travail a été trop payé ou mal exécuté; il est alors de l'intérêt de l'Association que l'Administration revise les tarifs et les prix du travail, et qu'elle veille avec plus de rigueur à supprimer la main-d'œuvre et les emplois inutiles ou onéreux. Elle doit faire appel à toutes les forces de l'Association pour perfectionner et améliorer la fabrication et pour créer de nouvelles ressources.

ART. 18.

La perte doit être considérée comme existant sur la production du moment où l'Association, ayant payé les salaires du travail, ne peut payer les intérêts du capital.

TITRE TROISIÈME

Des attributions et de l'ordre des Services.

CHAPITRE I

Considérations générales.

ART. 19.

Les dispositions du règlement concernant les fonctions ont pour principal objet d'introduire dans l'Association la règle et l'obligation de bien délimiter le département et l'étendue des attributions de chacun des employés.

Mais il est de principe que les fonctions doivent être confiées aux personnes qui ont le plus d'aptitude à les bien remplir. En conséquence, il peut être de l'intérêt de l'Association, en certaines circonstances, de faire passer partie des attributions d'une fonction dans une autre, de diviser une fonction ou de réunir plusieurs fonctions en une seule.

Ces changements, quand ils ont lieu, sont arrêtés en Conseil de Gérance et parfaitement définis avant la mise à exécution.

ART. 20.

Les attributions des fonctionnaires composant le Conseil de Gérance sont exposées, définies et arrêtées au Conseil même, de manière à bien séparer les responsabilités et à éviter les conflits de pouvoir.

ART. 21.

Toutes les fonctions doivent être suffisamment délimitées et définies pour que les titulaires puissent les remplir sans froissement et sans embarras pour la bonne marche des affaires.

Toute cause de conflit d'attributions doit être immédiatement soumise à l'Administrateur-Gérant, afin d'être résolue en Conseil.

ART. 22.

Le classement des attributions et des responsabilités se perfectionne surtout par l'expérience et par l'étude des mémoires et rapports de chacun des fonctionnaires.

ART. 23.

Il ne peut y avoir cumul d'appointements ; les fonctions remplies par intérim ou celles de détail dont un fonctionnaire supérieur se charge en dehors de sa fonction principale n'entraînent pas d'augmentation d'appointements.

CHAPITRE II
De l'Administrateur-Gérant.

ART. 24.

En vertu des pouvoirs qui lui sont dévolus par les Statuts, l'Administrateur-Gérant surveille d'une manière générale les établissements et les affaires de l'Association.

Il a autorité sur toutes les fonctions; il est l'ordonnateur des décisions prises en Conseil de Gérance; il en confie l'exécution aux chefs de service dans les attributions desquels ces décisions peuvent rentrer; il veille sur l'ensemble des opérations et des travaux pour s'assurer de leur exécution.

Par les qualités du cœur et du caractère, il doit maintenir l'accord entre tous les fonctionnaires, afin d'obtenir l'ordre et l'harmonie dans tous les services.

Les appointements de l'Administrateur-Gérant sont fixés à la somme de quinze mille francs par an.

ART. 25.

L'Administrateur-Gérant unit et concentre tous les pouvoirs de l'Association. Il doit être l'âme de la concorde entre les chefs de fonction, les employés et tous les membres de l'Association.

Il veille au respect et à l'application des Statuts.

Aidé du Conseil de Gérance, il veille à ce que chaque service au Familistère, comme dans les usines, ait à sa tête un employé capable.

Dans la rémunération des services, il tient compte avant tout des services que rendent les fonctionnaires.

D'accord avec le Conseil de Gérance (Statuts, art. 100), il met à la retraite, s'il y a lieu, le travailleur, employé ou ouvrier, devenu insuffisant dans sa fonction.

Dans .3 cas de mise à la retraite, l'Administrateur-Gérant peut utiliser les services du pensionnaire sous une forme nouvelle après entente avec ce dernier. (Assurances mutuelles. 2° partie, art. 4, 15.)

ART. 26.

L'Administrateur-Gérant s'adjoint un ou plusieurs Secrétaires qui, dans les Conseils, sont chargés de la rédaction des procès-verbaux des séances.

Ce sont eux, en outre, qui transmettent aux chefs de fonction les communications de la Gérance ; ils accomplissent tous travaux que l'Administrateur-Gérant juge nécessaire de confier à leurs soins dans les différents services.

Ce sont eux également qui inscrivent sur un registre spécial les propositions utiles que les personnes attachées à l'Association ou les Comités d'études libres jugent a propos de faire connaître à la Gérance. (Art. 71 à 73 du présent Règlement.)

Après examen de ces propositions l'Administrateur-Gérant porte chaque question devant les Conseils compétents. (Statuts, art. 100, 106, 107.)

CHAPITRE III

De la Division des Fonctions.

ART. 27. (1)

Les fonctions principales qui, dans l'usine de Guise donnent droit de siéger au conseil de Gérance, conformément à l'article 82 des statuts, sont :

1° La direction commerciale : vente des produits de la fabrication ;

---

(1). — Modification suivant délibération du Conseil de Gérance du 18 janvier 1891.

2° La direction de la fabrication générale : exécution de la commande, transcription dans les ateliers des objets à fabriquer et de leurs quantités, classement des produits en magasin, expéditions;

3· La direction du matériel : construction des machines, des bâtiments, soin des réparations, entretien général ;

4° La direction des modèles : création des produits nouveaux, procédés de fabrication, brevets ;

5° La direction de la fonderie : surveillance générale des fonderies et distribution du travail ;

6° La direction des approvisionnements : approvisionnements industriels ;

7° Chef de la comptabilité : surveillance des bureaux, distribution du travail ;

8° La direction des services du Familistère : soins des approvisionnements et de la vente, correspondance commerciale, surveillance générale de l'habitation.

9° La direction des comptabilités et du contrôle : surveillance générale des bureaux et du contrôle des écritures de l'Association, création de livres ;

10° La direction de l'ajustage : surveillance générale du montage et de l'ébarbage, distribution du travail.

Chacun des titulaires de ces fonctions doit, au plus haut degré, posséder l'intelligence des intérêts généraux de l'œuvre commune et donner l'exemple de l'amour du travail, de l'activité et de l'ordre unis à l'économie des procédés.

ART. 28.

Les attributions détaillées de chacun des fonctionnaires et de tout le personnel placé sous leurs ordres sont arrêtées par délibération du Conseil de Gérance, revisées quand il y a lieu, et consignées sur un registre spécial tenu aux archives de l'Administration.

L'extrait concernant chaque emploi est remis aux mains du titulaire à son entrée en fonction.

ART. 29.

Chacune des fonctions énumérées article 27 forme un département particulier des affaires de l'Association. Chacun des titulaires de ces fonctions, dans sa sphère, ne relève que de l'Administrateur-Gérant ; mais il est conforme aux principes d'une direction sage et profitable que chacun d'eux soit toujours prêt à recevoir avec courtoisie les avis de ses collègues sur les choses qui dépendent de son service : car il est du devoir de chacun des membres des Conseils de ne rien voir en souffrance sans le signaler obligeamment et avec bienveillance au collègue qui doit y remédier.

TITRE QUATRIÈME

Mesures d'ordre principales.

CHAPITRE I

Rapports et Documents divers.

ART. 30.

Le Conseil de Gérance arrête toutes les mesures d'ordre général pour fixer la bonne marche et la facile expédition des affaires.

ART. 31.

A moins de convocations spéciales, le Conseil de Gérance se réunit le dernier mardi de chaque mois ;

Le Conseil de l'Industrie, le mardi de chaque semaine ;

Le Conseil du Familistère, le vendredi.

ART. 32.

Chaque chef de division, membre du Conseil, remet, au moins trois jours avant la séance mensuelle du Conseil de Gérance, à l'un des Secrétaires de l'Administrateur-Gérant, un rapport sur l'état des opérations, des travaux, des affaires et du service qui rentrent dans ses attributions.

Ces rapports sont examinés en Conseil dans la séance qui suit leur dépôt, afin que l'on puisse prendre les mesures qu'ils comportent.

ART. 33 (1)

Le Directeur commercial doit faire connaître dans son rapport, la marche de la commande et de la vente comparée à celle des précédentes années, de manière à attirer l'attention sur les produits dont la fabrication doit être accélérée et sur ceux pour lesquels elle doit être ralentie.

Le Directeur commercial doit, en outre, donner communication des faits principaux de la correspondance et surtout de celle des voyageurs.

Tous les faits relatifs à la marche de la vente et de la commande doivent aussi être portés devant le Conseil de l'Industrie, chaque semaine, pendant les mois de septembre, octobre, novembre et décembre.

ART. 34.

Le Directeur de la fabrication générale, dans son rapport mensuel, outre les observations sur l'ensemble de son service, doit faire connaître :

L'état des magasins et de la production comparé à celui des années précédentes ;

Les rapports qui existent entre les commandes du jour et les expéditions de l'année précédente ;

---

(1). — Modifié par le Conseil de Gérance dans sa séance du 13 janvier 1891.

Enfin tous les éléments propres à permettre au Conseil d'apprécier s'il y a concordance entre la production et les besoins du commerce.

Pendant les derniers mois de l'année, le Directeur de la fabrication fait d'une façon sommaire ces communications chaque semaine, concurremment avec le Directeur commercial.

ART. 35.

Le Directeur du matériel consigne dans son rapport les travaux achevés pendant le mois, ceux en cours d'exécution et ceux que réclament les besoins de l'établissement.

ART. 36.

Le Directeur des modèles, dans son rapport mensuel, fait connaître les modèles achevés, ceux mis en fabrication et ceux qu'il désire faire exécuter.

Il tient le Conseil au courant des modèles qui se font ailleurs et des progrès de l'industrie.

ART. 37. (1)

Le Directeur de la Fonderie fait connaître dans un rapport mensuel la marche de ses ateliers, il donne la composition des mélanges de fonte et leurs résultats.

Il donne communication de la mise au moulage des articles nouveaux et leur prix de main d'œuvre.

ART. 38. (1)

Le Directeur des approvisionnements doit mentionner dans son rapport l'état des approvisionnements de toutes matières, signaler celles dont le stock s'affaiblit, la règle de l'Association étant que tous les gros approvisionnements

____

(1). — Articles additionnés par le Conseil de Gérance dans sa séance du 13 janvier 1891.

doivent être faits sur un stock existant au moins pour six mois à l'avance.

ART. 39. (¹)

Le Chef de la comptabilité fait connaître dans son rapport le mouvement des moyennes mensuelles des salaires.

ART. 40.

L'Économe, directeur des services du Familistère, remet mensuellement :

1° Un état détaillé de la marche des services commerciaux d'après une formule adoptée,

2° Un état des dépenses faites sur chacun des crédits ouverts au budget ;

3° La situation des recettes et dépenses des Assurances de mutuelle protection.

ART. 41. (²)

Le Directeur des comptabilités et du contrôle remet, chaque mois, un état de la situation des écritures des divers établissements, il signale les écritures en retard, s'il y en a.

Il fait connaître l'état des comptes en banque, l'état de la caisse et du portefeuille.

Il remet un bordereau des comptes en souffrance avec note des motifs du non-payement.

Il signale les comptes apurés du bordereau du mois précédent.

Il dépose sur le bureau la balance mensuelle des comptes.

---

(1) Article additionné par le Conseil de Gérance dans sa séance du 13 Janvier 1891.

(2) Modification et addition, séance du Conseil de Gérance du 13 janvier 1891.

ART. 42 (1)

Le Directeur de l'ajustage donne connaissance dans son rapport de la marche de son atelier, il signale les défectuosités des pièces provenant du moulage ou de défauts de modèles, il fait connaître la mise en montage des meubles nouveaux ainsi que leur prix de main-d'œuvre.

ART. 43. (2)

Chacun de ces fonctionnaires porte chaque semaine, en séance des Conseils de l'Industric ou du Familistère, *toutes* les questions urgentes et de détail qu'il est de l'intérêt et de la bonne marche des affaires d'examiner.

CHAPITRE II

Comptabilité

ART. 44.

La comptabilité est la science de l'ordre et des rapports qui existent dans les opérations de l'activité sociale.

Le travail et l'industrie ont surtout besoin de son concours pour assurer une sage économie dans la production et l'équité de la répartition.

C'est à l'aide des règles d'une comptabilité bien suivie que l'Association doit maintenir un juste équilibre dans toutes ses opérations, sauvegarder ses intérêts et répartir équitablement ses bénéfices entre ses membres.

---

(1) Modification et addition, séance du Conseil de Gérance du 13 janvier 1891.

(2) Par suite des articles additionnés ci-dessus, l'art. 39 ancien texte est devenu art. 43 et les autres articles à suivre avec 4 points de différence sur le dit texte primitif.

ART. 45.

La Gérance et les Conseils doivent veiller à ce que l'ordre comptable soit introduit dans tous les détails des opérations de l'Association, afin de pouvoir se rendre compte des suites et des conséquences de ces opérations, ainsi que des résultats qu'elles donnent.

ART. 46. (1)

La comptabilité sociale ayant pour objet (art. 125 des Statuts) de résumer les opérations annuelles de la Société, d'en fixer les bénéfices et d'en opérer la répartition, elle tient à ce sujet toutes les écritures nécessaires et, en particulier, les comptes des possesseurs d'apports ou d'épargnes.

A cet effet un grand livre est ouvert pour l'inscription des apports et des épargnes, il constate les substitutions de titulaires qui peuvent être faites et les mutations auxquelles ces substitutions donnent lieu.

A partir du 1ᵉʳ décembre 1885 et jusqu'à l'extinction complète de la dette hypothécaire, il sera consacré sur chaque exercice une somme de cent cinquante mille francs au service de la dette hypothécaire et à celui de l'amortissement de cette dette.

La somme nécessaire au payement annuel des intérêts sera portée aux Frais généraux et la différence entre cette somme et celle de cent cinquante mille francs sera portée au débit du compte de Profits et Pertes, et au crédit d'un compte spécial ouvert à la Comptabilité sociale et qui sera intitulé : *Réserve spéciale pour le remboursement de la dette hypothécaire.*

Les sommes inscrites au crédit de ce compte recevant un

---

(1) Modification suivant délibération du Conseil de Gérance du 9 janvier 1886.

intérêt annuel de 4 0/0 jusqu'au jour où elles seront virées aux comptes d'amortissement du matériel ou des immeubles tel qu'il est dit au paragraphe ci-dessous.

Au fur et à mesure qu'il sera fait des remboursements partiels de la dette hypothécaire au moyen des ressources accumulées au crédit du compte : *Réserve spéciale pour le remboursement de la dette hypothécaire*, il sera fait un virement des sommes correspondantes à ce remboursement du crédit de ce compte au crédit de chacun des comptes : *Amortissement du matériel modèles* et *Amortissement du matériel outillage* au prorata des sommes restant à amortir à chacun de ces comptes et jusqu'à extinction complète du matériel ; puis successivement au crédit des comptes : *Amortissement des Immeubles Industriels*, et *Amortissement des Immeubles Locatifs*.

Il sera également ouvert à la Comptabilité sociale un compte spécial intitulé : *Frais d'acte et d'Enregistrement de la dette hypothécaire*. Ce compte sera amorti au moyen d'un prélèvement annuel de cinq mille francs portés à son crédit par le débit du compte de *Profits et Pertes* jusqu'à extinction de ces frais.

Toutefois au 30 juin 1886 l'amortissement de la dette hypothécaire, et l'amortissement des frais de l'Emprunt ne seront faits qu'au prorata du nombre de jours courus depuis la signature de l'acte réalisant l'emprunt.

Art. 47.

L'Administrateur-Gérant et les Conseils ne doivent souffrir ni négligence ni retard dans les écritures, sous aucun motif.

Tout employé comptable associé, sociétaire, participant ou auxiliaire, qui laisse en souffrance le travail d'écriture qui lui est confié, sans avoir justifié de causes majeures, est passible des mesures prescrites par l'article 53.

Art. 48. (1)

Le Conseil de surveillance, vérifie en fin de mois les caisses et le portefeuille, et fait connaitre au Conseil de Gérance le résultat de sa vérification.

CHAPITRE III

Correspondance

Art. 49.

L'ouverture de la correspondance est faite dan· 'a forme reconnue la plus propre à assurer la prompte exp···dtion des affaires et à saisir rapidement les bureaux · travaux à exécuter.

Le dépouillement en doit être fait 'e n··u ·re que chaque chef de division soit instruit sans retard de ·e qui rentre dans son service.

Les mesures doivent être prises pour que toutes les affaires importantes que la correspondance renferme soient soumises à l'attention des Conseils.

Chacun des membres des Conseils peut, du reste, demander communication des lettres et correspondances qu'il juge à propos de consulter.

---

(1) Modification suivant délibération du Conseil de Gérance du 2 Juin 1885.

TITRE CINQUIÈME

Devoirs des Fonctionnaires de tous ordres.

___

CHAPITRE I

Règles de Conduite

ART. 50.

Nul dans l'Association n'est dispensé de se rendre utile.

Chacun doit élever ses services à la hauteur de la fonction dont il accepte la charge.

S'il devient insuffisant dans sa fonction, il doit accepter un emploi moins important.

En cas d'incapacité absolue de travail, il est mis à la retraite, s'il y a droit. (Statuts, art. 100; Assurances mutuelles, 2ᵉ partie, art. 4 à 9; Règlements, art. 25.

Les membres des Conseils doivent se dévouer au soin des affaires, porter leur attention de tous côtés et veiller à l'ordre partout.

Un des premiers devoirs de tout fonctionnaire, c'est d'être affable, bienveillant et complaisant pour tous ses collègues; car, en association surtout, l'orgueil et l'ambition désordonnée sont incompatibles avec une bonne direction des intérêts sociétaires et ne peuvent conduire qu'à la ruine et à la dissolution.

Chacun des membres de l'Association a pour devoir de faire servir toutes ses connaissances industrielles à la prospérité de l'œuvre commune. Ce devoir est d'autant plus grand que le membre occupe une fonction plus élevée dans la Société.

L'Administrateur-Gérant et tous les chefs de fonction des usines et du Familistère doivent d'abord, en s'inspirant des principes fondamentaux de l'Association, savoir observer et faire observer les Statuts, puis faire preuve de prévoyance, d'exactitude et de vigilance dans la conduite des opérations qui rentrent dans leurs attributions.

Les employés doivent accomplir ponctuellement la surveillance et le travail qui leur sont confiés, sans négligence et sans erreurs.

Les ouvriers doivent exécuter avec soin l'ouvrage qui leur est délivré.

Art. 51.

Tous les membres de l'Association se doivent de mutuels égards. Dans la marche des services, chacun doit être préoccupé de bien faire, d'aider les autres à accomplir leur tâche et de concourir à la prospérité commune : l'ouvrier, en suivant avec déférence les recommandations qui lui sont faites ; le contre-maître, en transmettant avec attention et convenance les instructions qui lui sont communiquées par la direction ; enfin la direction elle-même, en veillant avec une ferme bienveillance à ce que l'intelligence et l'activité règnent partout dans la conduite du travail.

CHAPITRE II

Discipline

Art. 52

L'associé, le sociétaire, le participant ou l'auxiliaire qui manquerait aux devoirs exposés dans le présent Règlement est passible de la censure de son supérieur et de celle du Conseil de Gérance-

Art. 53.

Si par indifférence, négligence ou tout autre motif contraire à la bonne marche des services, un employé ou fonctionnaire à un titre quelconque, ne tenant pas compte des avertissements de l'Administrateur-Gérant, laisse en souffrance sa fonction et compromet les intérêts de l'Association, il est procédé à son égard de la façon suivante :

Le Conseil de Gérance arrête les termes des observations et de la censure encourues par l'employé en faute ; copie en double en est faite, puis le Conseil appelle devant lui le fonctionnaire à avertir.

Le Président donne au comparant, séance tenante, lecture des observations et de la censure convenues. Il lui remet, en outre, la copie faite à l'avance.

Le tout est transcrit en détail au registre des délibérations du Conseil.

S'il s'agit d'un membre du Conseil, la séance dans laquelle sont arrêtés les termes de la censure a lieu sans que le conseiller en faute soit convoqué. Il n'y est appelé que pour recevoir les observations, comme il est dit ci-dessus.

Après deux avis donnés dans ces conditions, si le fonctionnaire ou l'employé laisse encore péricliter le service qui lui est confié, l'Administrateur-Gérant peut le congédier en le prévenant, savoir :

3 mois à l'avance pour les associés et les employés ayant, par mois, 300 francs d'appointements et au-dessus ;

2 mois à l'avance pour les sociétaires et les employés ayant de 200 à 300 francs ;

1 mois à l'avance pour les participants ou les employés gagnant moins de 200 francs ,

15 jours à l'avance pour les auxiliaires.

L'Administrateur-Gérant peut abréger ces délais par voie de transaction avec les employés et ouvriers congédiés.

Art. 54.

Tout fonctionnaire ou employé, associé, sociétaire, participant ou auxiliaire, contracte, par le seul fait de l'acceptation de ses fonctions, l'engagement de ne quitter son travail qu'en donnant à l'Association les mêmes délais que celle-ci lui accorde. Il s'engage, en outre, à utiliser ces délais, à mettre au courant du travail le titulaire qui doit le remplacer.

Art. 55.

Pour garantie de cette clause, tout fonctionnaire ou employé laisse, selon son rang, en dépôt à la Caisse de l'Association, en espèces ou en récépissé de dividendes, une somme égale aux appointements qu'il gagne pendant les délais fixés art. 49.

En cas de départ précipité, au mépris du présent règlement et de la transmission régulière des fonctions, la somme déposée est acquise à l'Association et versée par elle à l'Assurance des pensions. L'employé ou l'ouvrier perd, en outre, tout droit à la répartition annuelle.

Art. 56.

Afin que leur date soit fixée sans contestation possible, les congés et démissions sont notifiés par lettre de l'Administrateur-Gérant au congédié, ou du démissionnaire à l'Administrateur-Gérant. La partie prévenue donne immédiatement récépissé du congé ou de la démission.

Art. 57.

Aucun chef de fonction ne peut congédier ou révoquer les employés sous ses ordres que dans les formes prescrites (art. 53) et avec l'autorisation de l'Administrateur-Gérant.

CHAPITRE III

Voyages et Missions.

ART. 58.

Tout employé chargé pour le compte de la Société d'un voyage ou d'une mission doit, dès sa rentrée, présenter à l'Administrateur-Gérant un compte rendu sommaire de ses opérations en même temps que la note des frais. Après vérification, l'Administrateur-Gérant appose son visa, afin que le règlement de ces frais soit opéré à la Caisse.

CHAPITRE IV

Vacances.

ART. 59.

Tout membre de l'Association, employé ou ouvrier, peut prendre des vacances après entente avec l'Administrateur-Gérant ou le membre du Conseil chef de son service, de manière à ce que sa fonction soit remplie en son absence.

ART. 60.

Toute vacance donne lieu à la suspension des appointements pendant sa durée.

ART. 61.

Le Conseil dé Gérance, d'accord avec le syndicat du travail (art. 71), fixe selon les traditions de l'établissement, les amendes pour vacances non autorisées.

TITRE SIXIEME
Des Ateliers

CHAPITRE I
Direction et Surveillance du Travail.

ART. 62.

Chaque division de l'industrie dans les usines de l'Association constitue un atelier, et chaque atelier est sous la direction d'un chef.

ART. 63.

Le chef d'atelier procède à la répartition du travail ; il en assure la bonne marche sur tous les points ; il attire l'attention des surveillants sur les imperfections de l'exécution.

ART. 64.

Les ateliers sont divisés en sections suivant leur importance ; chaque section d'ouvriers a son surveillant du travail.

ART. 65.

Le surveillant distribue le travail aux ouvriers et veille à la bonne exécution des produits.

CHAPITRE II
Infractions et Amendes.

ART. 66.

Les amendes pour absence au travail sont :

Pour les ouvriers de 16 ans et au-dessus, soixante-quinze centimes par tiers de jour ;

Pour les dames et les ouvriers de moins de seize ans, trente-cinq centimes par tiers de jour.

Le travailleur qui arrive après la fermeture de l'établissement est admis à entrer, au cours de la première demi-heure qui suit chaque reprise de travail, moyennant une amende de vingt-cinq centimes.

Les amendes prescrites par le présent article sont versées à l'Assurance contre la maladie. — (Assurances mutuelles 2° partie, article 18.)

Art. 67.

Les surveillants remettent chaque jour aux délégués de chaque atelier la liste des absents ; ces listes doivent concorder avec le livre de pointage des présents, tenu par le contre-maître de l'atelier ; elles servent de contrôle pour les perceptions d'amendes.

Art. 68.

Les amendes pour actes de violence, injures, rixes, préjudice causé à l'établissement, et pour toute dérogation aux bonnes règles de l'atelier sont fixées suivant la gravité des cas et la tradition de l'établissement.

CHAPITRE III

Paie des Ouvriers

Art. 69.

Le paiement des salaires à tous les ouvriers à la fois dans un même établissement est souvent cause de chômage de l'atelier pendant un ou deux jours, après chaque quinzaine.

Pour éviter les entrainements aux folles dépenses de cabaret, la paie dans les ateliers de l'Association se fait et devra toujours se faire de manière à ne jamais payer qu'une partie des ouvriers d'un même atelier le même jour, et à ce que tel qui dans un atelier reçoit sa quinzaine se trouve à côté de camarades qui ne reçoivent rien.

D'où, économie pour la famille et moralisation indirecte du travailleur ; d'un autre côté, diminution des frais généraux de l'industrie par un meilleur emploi de son matériel.

ART. 70.

En conséquence, la liste de paie est faite suivant l'ordre alphabétique des noms du personnel, sans égard ni aux professions ni aux ateliers dans lesquels les ouvriers travaillent.

La liste est ensuite divisée en quatre sections égales, dont deux sections sont payées le mardi et le vendredi d'une semaine ; les deux autres le mardi et le vendredi de la semaine suivante, de façon que chaque section et chaque ouvrier se trouvent payés tous les quinze jours.

TITRE SEPTIÈME

Syndicat du Travail.

ART. 71.

En vue de fixer avec le plus d'exactitude possible les prix du travail dans l'Association, et de régler avec équité toutes les questions qui s'y rattachent, le Comité des délégués nommés au Familistère et à l'usine, selon les prescriptions de l'article 76 des Assurances mutuelles, 2e partie, représente tous les ouvriers dans les questions de salaire et de travail.

Ce syndicat, par l'organe de son Président, soumet toutes les questions en litige à l'Administrateur-Gérant, celui-ci, après examen, réunit le Comité pour donner à ces questions une solution conforme aux intérêts communs ; et au besoin, si la solution présente des difficultés, l'Administrateur-Gérant peut réunir le Conseil de Gérance et le syndicat pour trancher la difficulté.

TITRE HUITIÈME

Comité de conciliation.

ART. 72.

La mission du Comité de conciliation est indiqué article 117 des Statuts de l'Association.

ART. 73.

Le Comité de conciliation est composé de trois membres choisis dans les différents Conseils de l'Association et élus par tous les travailleurs, associés, sociétaires ou participants.

ART. 74.

Les élections pour le Comité de conciliation ont lieu au scrutin secret chaque année, dans la première quinzaine d'août.

Les membres sortants sont rééligibles.

TITRE NEUVIÈME
Études libres et Comités divers

ART. 75.

Les membres de l'Association, dans le but de se rendre utiles à l'œuvre commune et de faciliter l'essor de leurs propres facultés, peuvent se constituer en Comités d'études, afin d'examiner les progrès et les améliorations possibles dans les questions qui les préoccupent.

Dans le cas où un Comité d'études libres a une proposition utile à faire connaitre, il demande au secrétariat de la Gérance, art. 26 du présent Règlement, l'inscription de ladite proposition sur le livre spécial destiné à recevoir ces sortes de communications. Il remet au Secrétaire les documents et objets divers qui se rapportent à la question.

ART. 76.

Toute personne attachée à l'Association jouit individuellement du même droit de présenter des idées utiles et d'en demander l'inscription au registre spécial. (Règlement, art. 26).

ART. 77.

Les idées nouvelles et perfectionnements ainsi proposés sont, par les soins de l'Administrateur-Gérant, jugés soit en Conseil de Gérance, soit en Conseils du Familistère ou de l'Industrie (Statuts, art. 100, 106, 107 ; Règlement, 3e partie, art. 26.

Si la proposition est mise en pratique, elle donne droit pour son auteur à participer aux récompenses exceptionnelles fixées art. 128, 6o des Statuts, sous réserve des prescriptions des art. 82, 83, du présent Règlement.

TITRE DIXIÈME

Rémunération des Comités.

ART. 78.

Il est de principe dans l'Association de rémunérer toutes les fonctions, tous les services utiles.

En conséquence, les membres des Comités d'Assurances mutuelles et de tout autre Comité déclaré, par le Conseil de Gérance, utile à l'Association, sont payés pour le temps qu'ils consacrent au service de la mutualité ou des intérêts communs, lorsque ces services sont donnés en dehors du temps déjà payé par l'Association.

Cette rémunération est fixée en Conseil de Gérance, après avis du Comité qu'elle concerne.

TITRE ONZIÈME

Tenue des Séances des Conseils et Comités.

ART. 79.

L'ordre du jour a la priorité sur toutes les autres questions. A défaut d'ordre du jour, le Président donne à l'étude des questions l'ordre qu'il croit le meilleur. Lorsqu'un sujet lui paraît devoir être médité avant tout examen, il le renvoie à une séance suivante.

ART. 80.

Les propositions, les avis et les conseils sont émis avec convenance et modération, écoutés avec bienveillance, discutés sans passion ni parti pris, et appréciés avec l'attention réfléchie d'hommes investis de la responsabilité d'intérêts sociétaires.

En séance comme au dehors, les rapports doivent être empreints d'une fraternelle cordialité.

ART. 81.

Tout discours autoritaire, acrimonieux ou violent est immédiatement réprimé par le Président, qui en rappelle l'auteur aux convenances et aux égards que se doivent les membres d'une même association.

Si la réprimande est infructueuse, l'auteur de l'infraction est tenu de se retirer sur-le-champ, et il lui est interdit de se représenter aux séances, jusqu'à ce que le Conseil ou le Comité en ait décidé autrement.

TITRE DOUZIEME

Récompenses sur le fonds annuel.

ART. 82.

Le fonds mis annuellement par l'article 128. 6° des Statuts à la disposition du Conseil de Gérance pour récompenser les services exceptionnels doit s'appliquer aux idées et aux faits avantageusement produits par les membres de l'Association en dehors de ce qui concerne leur fonction. (Art. 75 à 77 du présent Règlement).

ART. 83.

Ces récompenses ne sont pas applicables aux études, ni aux travaux incombant à la fonction des chefs de services et principaux employés. Ceux-ci doivent tout le concours de leurs idées et de leur talent à l'Association qui les rétribue pour faire acte d'initiative et d'innovation.

Néanmoins le Conseil de Gérance est juge des exceptions à faire à leur égard.

TITRE TREIZIÈME

Épargnes réservées.

ART. 84.

Lors de la répartition des bénéfices, le salaire des personnes attachées au service de l'Association, et n'ayant pas obtenu qualité de membre à un titre quelconque, se divise en deux catégories :

La première comprend le salaire des jeunes gens dont le père ou la mère sont associés, sociétaires ou participants et qui, par leur bonne conduite et leur travail, mériteraient d'être inscrits comme membres de l'Association à un titre quelconque.

La seconde comprend le salaire des personnes occupées par l'Association comme simples auxiliaires.

ART. 85.

La part de dividende représentée par les salaires des simples auxiliaires est portée au compte de l'Assurance des pensions et du nécessaire.

Art. 86.

La part de dividende représentée par les salaires des jeunes gens reconnus par le Conseil de Gérance comme aspirants au titre d'associés, de sociétaires ou de participants, est employée en titres d'épargne et inscrite à un compte particulier intitulé : *Épargnes réservées.*

Art. 87.

Ces jeunes gens ont chacun leur compte spécial au compte des Épargnes réservées. Ce compte a pour but de constater l'importance des services de chacun d'eux jusqu'à sa majorité.

Si, à leur majorité et après leur libération du service militaire dans l'armée active, ces jeunes gens par leur travail dans l'Association et leur bonne conduite, méritent d'être déclarés participants, sociétaires ou associés, conformément aux règles des Statuts, le Conseil de Gérance les dote alors des titres représentant les dividendes réservés auxquels leurs salaires ont donné lieu.

Art. 88.

L'Association restant en possession des épargnes représentant les parts d'interêt stipulées dans l'article qui précède, le Conseil de Gérance décide quelle application doit être faite des intérêts et dividendes revenant à ces épargnes.

Art. 89.

Si, arrivée à l'âge fixé par les Statuts, la personne en vue de laquelle la part d'intérêt a été réservée n'a pas acquis dans l'Association la qualité d'associé, de sociétaire ou de participant, la part d'intérêt réservée à son nom passe définitivement au compte de l'Assurance des pensions et du nécessaire.

TITRE QUATORZIÈME

L'Habitation Sociétaire.

CHAPITRE I

Dispositions générales.

ART. 90.

Le Familistère est le palais d'habitation des membres principaux de l'Association, c'est-à-dire des associés et des sociétaires.

Chaque famille y jouit de la liberté du foyer, d'un intérieur tranquille et pourvu des commodités nécessaires.

ART. 91.

L'habitation sociétaire n'oblige les familles qu'aux règles imposées par la raison à une population unie dans le sentiment de la solidarité et de l'association. Chacun doit y faire un juste usage des utilités mises au service de tous et ne nuire en quoi que ce soit à l'usage que les autres en font de leur côté.

ART. 92.

Les articles de ce règlement concernant l'habitation n'ont donc pour objet que d'indiquer la marche d'une bonne direction, et les mesures d'intérêt commun de nature à faciliter à l'habitant du Palais social le bon usage et le bon emploi des ressources que l'Association lui procure.

ART. 93.

Le Palais social et ses dépendances ont pour but de servir au bien-être et au développement moral des habitants, et de faciliter entre eux la mise en pratique de l'Association.

Placé près de l'atelier, le Palais social offre à l'ouvrier le repos au sortir du travail.

Dans le but de lui offrir en même temps le confort, le Familistère possède :

1° Des magasins d'approvisionnement et de vente : boulangerie, boucherie, charcuterie, légumes, vêtements, épicerie, mercerie, boissons, etc. ;

2° Des buanderies et lavoirs ;

3° Des bains et piscines ;

Il renferme, en outre, en vue des satisfactions intellectuelles et morales :

4° Des salles d'éducation et d'instruction ouvertes aux enfants depuis la naissance jusqu'à l'âge de l'apprentissage professionnel ;

5° Des salles de réunion pour les adultes, théâtre, bibliothèque, casino, etc.

CHAPITRE II

Administration

ART. 94.

Le Familistère est administré par un Conseil dont la composition et les attributions sont réglées articles 89 et 106 des Statuts.

L'exécution des décisions de ce Conseil est confiée à un Econome, chef des services.

La direction du Palais social doit être fraternelle, bienveillante ; le bien-être et la satisfaction générale de la population doivent toujours être son objectif.

CHAPITRE III

Location des Appartements

Art. 95.

L'habitation étant propriété sociale, tout membre de l'Association habitant le Familistère est locataire de son logement.

Les locataires, associés, sociétaires ou autres, s'entendent avec l'administration pour le choix du logement, le nombre de pièces qu'ils veulent occuper, la cave ou le grenier dont ils ont besoin.

Art. 96.

Les familles sont admises à prendre des logements plus ou moins grands à mesure que leurs besoins se modifient.

Art. 97.

Lorsqu'un logement vacant est demandé par plusieurs personnes, il est donné à l'individu qui en offre le plus haut prix, ou tiré au sort sur le prix du tarif minimum des locations.

CHAPITRE IV

Propreté

Art. 98.

La propreté intérieure de l'appartement est placée sous là vigilance du locataire ; toute famille habitant le Familistère doit se respecter assez pour avoir un intérieur irréprochable sous le rapport de la propreté.

Une conduite contraire serait un motif d'exclusion. (Art. 26 des Statuts.)

Quel que soit le respect de l'Association pour la liberté
du foyer, ce respect ne s'entend que de la liberté qui ne nuit
à personne.

ART. 99.

L'entretien et la propreté des choses d'un usage commun :
escaliers, galeries, couloirs, fontaines, cabinets aux balayures,
cabinets d'aisance, cours, etc., sont à la charge de l'Association ; ces soins sont l'objet de fonctions rétribuées.

CHAPITRE V

Lavage du Linge

ART. 100.

Il est contraire à la conservation de l'édifice et à l'hygiène de faire à domicile la lessive, le lavage et le séchage
du gros linge. Ces opérations se font dans les buanderies,
lavoirs et étendoirs mis à la disposition de la population.

CHAPITRE VI

Magasins et Débits

ART. 101.

Les approvisionnements et débits ont pour premier objet
de placer dans l'habitation toutes les choses nécessaires aux
besoins des familles, puis de réaliser au profit de l'Association les bénéfices de ces approvisionnements.

Ces magasins et débits doivent être régis et ordonnés de
la façon la plus avantageuse aux membres de l'Association.

L'affabilité, la complaisance et la bienveillance sont des
qualités indispensables chez les personnes attachées à la
vente.

CHAPITRE VII

Sécurité

ART. 102.

La sécurité de l'habitation est garantie d'abord par les précautions prises dans sa construction, puis par des réservoirs d'eau établis dans les combles, par des assurances contre l'incendie ; enfin elle est particulièrement placée sous la vigilance d'un corps de pompiers organisé parmi les habitants du Familistère.

Ce corps a son règlement particulier ; il est indemnisé de ses vacations.

CHAPITRE VIII

Éducation et Instruction

ART. 103.

Par le seul fait de leur admission au Familistère, les membres de l'Association, chefs de famille, tuteurs ou chargés à un titre quelconque de la responsabilité d'enfants au-dessous de quatorze ans, s'obligent non-seulement à faire que ceux-ci reçoivent au moins l'instruction primaire, mais encore à veiller à leur bonne éducation et à seconder, par un concours vigilant et ferme, les soins des maîtres et maîtresses chargés de leur dispenser l'instruction.

Le mépris de ces devoirs devient un motif d'exclusion de l'Association. (Art. 26 des Statuts.)

Il est de règle que l'éducation et l'instruction soient l'objet de la plus haute sollicitude de l'Administration. A la Nourricerie et au Pouponnat, elle doit s'occuper avant tout de la santé des élèves ; dans les classes suivantes, cette préoccupation doit garder la place qu'elle mérite.

Partout, la direction doit être bienveillante, patiente, affectueuse. Elle doit se tenir au courant des méthodes les plus propres à concourir au progrès des enfants et, autant que cela lui est possible, les mettre en pratique.

Les Conseils de l'Association, les Instituteurs et Institutrices, ainsi que les Parents, ne doivent jamais perdre de vue que le but de l'enseignement doit être de former pour l'Association des hommes et des femmes recommandables par les qualités du cœur et les capacités intellectuelles.

En conséquence, les enfants doivent être habitués, dès leurs premières années, à concourir, par leur bonne conduite. aux charmes de l'habitation unitaire et au bien-être de la population.

Ils doivent être amenés à prendre pour guide et pour règle dans tous leurs actes la recherche du bien de tous. Chacun doit s'efforcer de faire pénétrer dans le cœur des enfants et des jeunes gens l'amour de l'Association, l'amour des principes qui ont donné naissance aux présents Statuts et Règlements, et la volonté de les mettre en pratique.

Art. 104. (1)

Dès qu'il atteint quatorze ans, l'élève, si ses parents le jugent à propos, est admis, suivant ses aptitudes, à l'apprentissage dans l'une des professions de l'Association.

Les élèves pouvant bénéficier des prévisions de l'art. 128, 7°, des Statuts sont désignés chaque année par le Conseil de Gérance et la Commission scolaire dont les membres sont institués par le Conseil même.

Les élèves ainsi désignés et appartenant à des familles n'ayant pas les ressources voulues sont préparés aux frais

---

(1). — Modification suivant décision du Conseil de Gérance du 2 juin 1885.

de l'Association pour être présentés, selon leurs aptitudes, aux grandes Ecoles de l'Etat.

Les membres du Conseil de Gérance ou de la Commission scolaire qui auraient des enfants parmi les candidats, s'abstiennent de prendre part aux délibérations ni aux votes.

Le choix est soumis à la ratification d'une Assemblée générale ordinaire ou extraordinaire, (statuts, art. 59.)

ART. 105.

Le respect de la propriété générale du Palais et de ses dépendances est confié à la vigilance des familles, ainsi qu'à celle des instituteurs et institutrices. Chacun a pour devoir d'habituer de bonne heure ses enfants à la conservation des choses d'un usage commun, des allées, massifs et promenades du parc et des jardins.

CHAPITRE IX

Spectacles, Fêtes et Plaisirs

ART. 106.

Deux grandes fêtes sont instituées au Familistère : la fête du Travail, au premier dimanche de mai ; la fête de l'Enfance, au premier dimanche de septembre. Elles ont lieu selon les traditions de l'établissement.

Le Conseil du Familistère prend les mesures nécessaires pour que les spectacles et les fêtes publiques de l'Association concourent le plus possible à la satisfaction générale.

Le corps de musique doit être un puissant élément de charme dans ces spectacles et fêtes par la bonne volonté et le zèle qu'il peut y apporter.

Art. 107.

Quant aux plaisirs, jeux et amusements particuliers, les habitants du Familistère se groupent entre eux, se forment en comités, font leurs règlements et organisent leurs réunions, leurs jeux, leurs plaisirs à leur gré, après s'être concertés avec l'Administration au sujet des emplacements et locaux dont ils peuvent avoir besoin.

TITRE QUINZIÈME

Liberté de Conscience

Art. 108.

Le respect de la liberté de conscience, de croyance et de culte est un devoir essentiel pour les membres de l'Association.

La tolérance et la bienveillance doivent être les premières vertus observées parmi eux.

L'Association mettant en lumière cette vérité que c'est par l'union et l'accord entre les hommes dans les œuvres utiles à tous que la volonté humaine s'habitue au bien et s'élève à l'amour social, il devient évident pour chacun des membres de l'Association que la seule voie salutaire est celle de la bienveillance les uns pour les autres, du travail conçu et dirigé en vue du bien et du progrès de la vie humaine ; qu'en dehors de cette voie la volonté et l'activité de l'homme restent infructueuses.

D'où il suit que la vraie religion a pour principe l'amour
de tout ce qui sert efficacement au progrès et à la perfection
de la vie générale, et que c'est seulement en travaillant à
leur satisfaction mutuelle et à leur bonheur commun que
les hommes s'élèvent à la perfection morale.

Élevé jusqu'à ces notions par sa raison et sa conscience,
l'homme, peu préoccupé de la forme extérieure du culte, en
place la réalité dans son cœur. Il rend hommage aux bonnes
intentions, applaudit aux bonnes œuvres et s'occupe activement à se rendre utile à tous.

Telles sont les pratiques religieuses et fraternelles que
l'Association doit se donner mission de professer. Ce sont
elles qui assurent le progrès et le bonheur des sociétés et
qui ouvrent à l'homme les perspectives d'une vie plus parfaite.

ENGAGEMENT

DES MEMBRES DE L'ASSOCIATION

Moi, N.... (*employé ou ouvrier*) *dans les établissements de la* Société du Familistère de Guise, *Ancienne* Maison Godin, *Association coopérative du Capital et du Travail, sous la raison sociale* Dequenne et Cⁱᵉ,

Après avoir fait une lecture complète et attentive des Statuts et des règlements qui y sont annexés,

Je reconnais que le but de cette Association est de réaliser le plus de bien possible au profit de ceux qui concourent à l'œuvre commune et que, conçue dans un esprit de solidarité et de justice, elle a pour objet de réaliser la paix parmi les hommes.

Que chaque membre de cette Association doit agir suivant les principes d'équité qui ont présidé à sa fondation et s'abstenir de toute action de nature à y porter le trouble ou la discorde.

Je reconnais enfin que, admis dans cette association et appelé à y jouir des avantages pécuniaires et moraux qu'elle confère à ses membres, il est juste que, par réciprocité, je travaille de tout mon pouvoir à sa prospérité.

Par ces raisons, je prends aujourd'hui, en toute liberté, l'engagement d'honneur :

De faire au profit de l'Association un travail consciencieux et régulier, de veiller attentivement à ses intérêts et de consacrer

mes facultés à la recherche de moyens propres à lui éviter des pertes et à lui faire réaliser des économies ;

De me rendre utile à toutes les personnes attachées à l'Association et de m'efforcer d'entretenir avec elles des rapports bienveillants et obligeants ;

De faire tous mes efforts pour faciliter la bonne éducation et l'instruction complète de l'enfance ;

De contribuer à rendre le séjour de l'habitation sociétaire agréable à tous ;

Enfin, de me soumettre aux Statuts, aux Règlements et à toutes les décisions régulièrement prises par l'Association et, au cas où je jugerais ne pas pouvoir m'y conformer, de me retirer sans provoquer ni conflit ni procès.

En foi de quoi j'appose ici ma signature, le

Suivant le vœu exprimé par' le **Fondateur du Familistère**
dans son testament nous publions ci-après un extrait du dit
Testament pour servir à l'interprétation des statuts et à l'application qui doit en être faite par les membres de l'Association.

EXTRAIT DU TESTAMENT

DE

JEAN-BAPTISTE-ANDRÉ GODIN

du trente Juin 1887

ARTICLE PREMIER

Ceci est mon Testament, fait en plein état de santé par moi, JEAN-BAPTISTE-ANDRÉ GODIN, Fondateur du Familistère, demeurant à Guise, testament écrit de ma main et que je signe au bas de chaque page.

. . . .
. . . .
. . . .

ARTICLE DEUXIÈME

L'amour de la justice et de mes devoirs à l'égard des autres a toujours été la regle de mes actions. C'est pour continuer à faire le bien jusqu'à ma dernière heure et pour en assurer les effets après ma mort, que je fais mon testament.

ARTICLE TROISIÈME

L'Association coopérative du Capital et du Travail, c'est-à-dire la participation du travailleur aux bénéfices de la production est l'œuvre à laquelle j'ai voué ma vie ; j'en ai poursuivi la réalisation à travers des luttes sans trêve. . . . .

. . . .

ARTICLE QUATRIÈME

En vertu du privilège que l'état de nos mœurs et de nos lois confère au capital, je suis resté seul possesseur et maître de la

richesse créée dans mes usines. Si j'avais eu la liberté de ma
volonté, si j'avais pu donner à cette richesse une application
conforme aux principes d'équité dont j'ai placé la pratique au
premier rang de mes devoirs sociaux, l'association coopérative
du Capital et du Travail en vigueur aujourd'hui au Familistère,
eût été depuis longtemps fondée, et les collaborateurs, qui m'ont
aidé à acquérir cette richesse, seraient en possession de la part
légitime qui leur en revient.

.   .   .   .

.   .   .   .

.   .   .   .

Ces difficultés et ces retards ont été un motif pour moi de mé-
diter avec plus d'attention, et de mûrir avec soin les statuts que
je voulais proposer à l'adhésion de mes coopérateurs. J'espère
que l'association que j'ai fondée entre eux et moi, devra à ces
difficultés d'être assise sur des bases plus sûres.

ARTICLE CINQUIÈME

Pendant la longue période de difficultés et d'oppositions que
j'ai traversées, j'ai dû abandonner à ma famille une part considérable du capital que j'avais acquis.

Malgré ces pertes et cette absorption continue de ma fortune,
j'ai dans la mesure de ce qui m'a été possible, donné à mon
industrie les développements nécessaires. J'ai fondé des
logements salubres pour les familles d'ouvriers venues près de
moi, j'ai organisé entre elles des institutions de mutuelle prévoyance et j'ai appelé les ouvriers et employés à participer aux
bénéfices de l'industrie, voulant les intéresser ainsi dans mes
établissements.

ARTICLE SIXIÈME

L'Association coopérative du Capital et du Travail devait être
le couronnement de cette laborieuse préparation. Elle a enfin
reçu l'existence légale. Elle est aujourd'hui régulièrement constituée sous la forme d'une Société en commandite simple par acte

sous-seing privé en date du treize août mil huit cent quatre-vingt, passé entre le personnel de mes établissements et moi, cet acte stipulant les Statuts qui forment le pacte social. Les formalités légales pour la validité de la convention ont été remplies, et désormais la *Société du Familistère de Guise*, association coopérative du Capital et du Travail, vit et fonctionne de fait et de droit sous la raison sociale *Godin et Compagnie*.

ARTICLE SEPTIÈME

Désormais, en vertu de la convention qui a, entre eux et moi, l'autorité d'une loi, mes collaborateurs sont investis du droit de participer aux bénéfices de la production, proportionnellement aux concours qu'ils y apportent.

En fondant cette association, j'ai voulu donner à mon industrie des garanties de durée et d'avenir et assurer à la population importante qui y est attachée, le travail qui la fait vivre. J'ai voulu qu'à ma mort, mes établissements restassent constitués sous des règles capables de leur perpétuer une bonne administration et une bonne direction, et fussent à l'abri des vicissitudes et des perturbations que les partages et les directions insuffisantes apportent dans l'industrie.

J'ai donc, en fondant cette association, fait œuvre utile à mes anciens collaborateurs et aux ouvriers attachés à l'association puisque celle-ci a pour objet d'assurer leur avenir ; mais j'ai aussi fait un acte profitable à mes héritiers, puisqu'il leur assure la conservation et la fécondité des biens que je leur laisserai.

ARTICLE HUITIÈME

J'ai engagé dans l'association ce qui me restait de fortune au moment de sa fondation. Cette fortune a été représentée par mes apports statutaires. Elle s'est accrue depuis ; une partie de mes apports m'a été remboursée selon les règles statutaires, et le premier Décembre mil huit cent quatre-ving-cinq, j'ai converti en prêt hypothécaire de trois millions à la Société du Familistère l'importance de mon compte courant dans la Société. Malgré les

sommes considérables déjà abandonnées à ma famille, dans lesquelles mes ouvriers n'ont rien reçu, ma fortune comprend encore
une part importante qui aurait appartenu au concours du travail,
si les circonstances m'avaient permis d'appliquer plus tôt la
règle de répartition qui régit la Société du Familistère. Je dois
donc reconnaître, que si j'ai accompli, en vue de l'avenir, ce que
me commandent la reconnaissance et la justice envers mes collaborateurs, il me reste à faire pour le passé ce qu'elles me commandent non moins impérieusement.

Je ne puis remplir ce devoir au profit individuel de chacun de
mes anciens collaborateurs. Beaucoup ont disparu depuis que
j'ai commencé mon œuvre. Je n'ai d'autre moyen d'y satisfaire
que de recourir à des dispositions testamentaires. en léguant à
la Société du Familistère, article seize et dix-sept du présent
testament, la part de mes biens dont je peux disposer. Je m'ac-
quitterai ainsi dans la mesure du possible envers mes anciens
collaborateurs dans la personne de leurs successeurs.....

ARTICLE NEUVIÈME

... Je déclare solonnellement que je fais de la durée statutaire
de la Société du Familistère, la condition essentielle du legs
dont je la gratifie, soit en l'article seize, soit en l'article vingt-
deux de ce testament. Je considère toute dissolution anticipée et
effectuée en dehors des cas prévus par les statuts du treize août
mil huit cent quatre-vingt, comme enfreignant cette condition et
emportant révocation des legs auxquels je l'attache ; car il doit
être bien entendu qu'en testant comme je le fais, mon dessein
n'est pas de fournir, aux membres de la Société, le moyen de jouir
isolément de la part de mes biens que leur attribuerait un partage
provoqué en violation du pacte social, tandis que je veux affecter,
exclusivement au service de l'Association des travailleurs, les
biens légués qui lui apporteront une force de plus et par là, con-
solideront l'expérience de la participation de ces derniers aux
bénéfices de l'industrie qu'ils exercent . . . .
. . . .

ARTICLE TREIZIÈME

A titre d'indication morale et de guide pour l'avenir, je rappelle à la Société du Familistère, que mon désir est que le legs que je lui fais, articles seize et dix-sept du présent testament, profite exclusivement aux représentants du travail envers lesquels il a le caractère d'une restitution, et ne vienne à aucune époque, sous aucun prétexte, ni dans aucune proportion profiter à mes héritiers réservataires, ou à leurs ayants droit déjà amplement nantis.

En conséquence, dès que la Société légataire sera en possession de son legs, je lui recommande d'en distribuer le revenu comme bénéfice de l'Association, conformément aux Statuts.

ARTICLE QUATORZIÈME

Je recommande à la Société du Familistère de respecter les dispositions des articles *trente-trois*, *quarante-trois*, *quarante-quatre et quarante-cinq* des statuts, en vertu desquels le remboursement des anciens titres s'opère chaque année dans la proportion des dividendes échus au travail.

Je lui recommande de bien observer que la Société, quand même elle entrerait en possession de tous les apports, doit, au nom du dévouement à la cause du travail, dont je lui ai donné l'exemple en fondant l'association, délivrer chaque année, avec la plus grande exactitude, les certificats d'épargnes représentant les parts échues aux travailleurs, dût-elle à cet effet augmenter son capital social ou reconvertir en titres d'épargnes les parts d'intérêts rentrées en la possession sociale.

Par ce moyen, la société tiendra sans cesse les sources de l'épargne ouvertes aux nouveaux travailleurs qui viendront succéder aux anciens dans l'Association.

ARTICLE QUINZIÈME

Contre toutes les inspirations égoïstes et les tentatives qui auraient pour but de faire dévier la Société du Familistère de la voie fraternelle que je lui ai tracée, contre toutes mesures qui

auraient pour objet de satisfaire des intentions cupides, au
détriment des intérêts mutuels de l'association, je place la juste
et saine exécution de mes volontés, d'abord sous la protection
de mes exécuteurs testamentaires, ensuite sous celle de la
loyauté et de la bonne foi du Conseil de Gérance de l'Association,
enfin je donne pour appui à la Société du Familistère, le sentiment de fraternité et de mutuel intérêt qui doit unir tous les
travailleurs que les Statuts appellent et appelleront à jouir des
bénéfices de l'industrie à laquelle ils accorderont leur travail.

ARTICLE SEIZIÈME

La loi réserve à mon fils et à sa descendance légitime la
moitié des biens que je laisserai à mon décès ; elle me laisse la
libre disposition de l'autre moitié.

Usant de mon droit, je lègue à titre universel la moitié
des biens qui composeront ma succession à la Société du
Familistère, association coopérative du capital et du travail dont
le siège est à Guise, fonctionnant aujourd'hui sous la raison
sociale Godin et Compagnie, et sous quelque raison sociale
qu'elle prenne ultérieurement.

ARTICLE DIX-SEPTIÈME

Ce legs recevra son exécution de la manière suivante :

A mon décès, la Société restera ou entrera immédiatement en
possession des biens dont sera composé le legs que je fais en sa
faveur.

La Société légataire les exploitera et en usera comme de
biens lui appartenant en propre, quelles qu'en soient la nature et
la situation, soit en apports statutaires, soit en remboursements
opérés selon les statuts, soit en tout autre bien.

. . . .
. . . .
. . . .
. . . .
. . . .

ARTICLE VINGT-HUITIÈME

Je recommande à ma femme Marie-Adèle Moret, dans le cas où après mon décès elle en fera faire une nouvelle édition, de veiller à ce que ce testament soit imprimé à la suite de mon ouvrage : **Mutualité Sociale.**

Je recommande également que ce testament soit, après ma mort, imprimé et annexé aux statuts de la Société du Familistère pour leur faire suite et servir à leur interprétation dans l'usage et l'application que mes successeurs en devront faire.

Fait à Guise, au Familistère, en ving-huit articles, écrit, daté et signé de ma main, le trente Juin, mil huit cent quatre-ving-sept.

Signé : GODIN.

Codicille du onze Août 1881 :

J'ajoute que ma volonté formelle est d'être enterré civilement, à l'extrémité du jardin d'agrément de la Société du Familistère, au lieu dit le Calais.

Guise, le vingt-et-un août mil huit cent quatre-vingt-un.

Signé : GODIN.

TABLE DES MATIÈRES

Par ordre de chapitres

PREMIÈRE PARTIE

STATUTS

TITRE QUATRIÈME

TITRE CINQUIÈME

TITRE SIXIÈME

———————

DEUXIÈME PARTIE

———

ASSURANCES MUTUELLES

———————

TROISIÈME PARTIE

RÈGLEMENT

TABLE ANALYTIQUE DES STATUTS

(Les numéros en *chiffres romains* renvoient à la *Déclaration de principes*,
Les numéros en **chiffres arabes** indiquent les **articles**).

PREMIÈRE PARTIE

STATUTS

sion des droits : 21. — Reprise des droits : 23. — Abandon
volontaire de la qualité : 25. — Exclusion : 26 à 28.

Sociétés : V, IX, XII, XIV, XVI, XVIII, XXI, XXIII, XXVIII,
XXIX, XXX ; 139.

Solidarité : XXVIII ; 4, 139.

Statuts. — Adhésion : 1, 2, 10, 11, 140, 141. — Modifications :
12, 59, 138, 139, 142.

(Voir Conseil de Surveillance.)

Substitution de titulaire d'apports ou d'épargne : 13, 29, 32,
33, 44, 47, 52, 53, 69.

Successeur du Fondateur a la Gérance : 12, 75, 76.

Titulaires de parts d'intérêts.

(Voir Intéressés.)

Transfert du fonds social : 44, 47. 51.

Travail : III, VII, X, XIII à XVI, XIX, XXI, XXX ; 3, 4. —
Droits des invalides et des faibles : 118 à 124. — Répartition
· de bénéfices : 52, 128, 129.

Travailleurs : XIV; XIX ; 3, 52, 100, 139, 140.

(Voir Travail.)

Usines : 1, 5, 38, 41.

(Voir Administrateur-Gérant, Conseil de Gérance, Conseil de l'Industrie.)

Vacances dans les fonctions : 75, 77, 78.

Valeur des apports statutaires : 38, 39, 40.

Valeurs mobilières : 38 à 41, 100.

Vie : I à V, VII, VIII, XXII, XXIV, XXV, XXVII, XXVIII,
XXX.

Vieillesse : 118, 119.

Votes et scrutins : — En Assemblées générales : 13, 59, 65
à 70, 75, 76, 79, 135 ; — En Conseil de Gérance : 83, 88 ; —
En Conseil du Familistère : 89, 91 ; — En Conseil de l'Industrie : 92, 94.

(Voir Exclusion, Procès-verbaux, Remboursement, Secrétariat,
Substitution.)

DEUXIÈME PARTIE

ASSURANCES MUTUELLES

TROISIÈME PARTIE

RÈGLEMENT

OUVRAGES DE M. GODIN

FONDATEUR DU FAMILISTÈRE

Solutions sociales. — Exposition philosophique et sociale de l'œuvre du Familistère avec la vue générale de l'établissement, les vues intérieures du palais, plans et nombreuses gravures :

Édition in-8º . . . . **10 fr.**
Édition in-18 . . . . **5 fr.**

Le Gouvernement, *ce qu'il a été, ce qu'il doit être et le vrai socialisme en action.*

Ce volume met en lumière le rôle des pouvoirs et des gouvernements, le principe des droits de l'homme, les garanties dues à la vie humaine, le perfectionnement du suffrage universel de façon à en faire l'expression de la souveraineté du peuple, l'organisation de la paix européenne, une nouvelle constitution du droit de propriété, la réforme des impôts, l'instruction publique première école de la souveraineté, l'association des ouvriers aux bénéfices de l'industrie, les habitations ouvrières, etc , etc.

L'ouvrage est terminé par une proposition de loi à la Chambre des députés sur l'organisation de l'assurance nationale de tous les citoyens contre la misère.

In-8º broché, avec portrait de l'auteur . . . . . . **8 fr.**

Mutualité nationale contre la Misère. — *Pétition et proposition de loi à la Chambre des députés.*

Brochure in-8º, extraite du volume « *Le Gouvernement* » . . . . **1 fr. 50**

La République du Travail et la Réforme parlementaire, in-8º broché, avec portrait de l'auteur . . . . **8 fr.**

Cet ouvrage posthume est le fruit des conclusions auxquelles M. Godin était arrivé, après toute une vie passée à lutter contre les difficultés sociales. Il contient l'exposé des trois réformes urgentes à notre époque et des moyens pratiques de les réaliser sans troubles sociaux ni conflits d'aucune sorte.

Le seul énoncé de ces trois réformes : 1° *L'organisation vraie de la puissance sociale* ; 2° *L'établissement équitable des ressources de l'Etat et l'organisation du droit de vivre* ; 3° *L'organisation et l'émancipation du travail* ; — indique aux lecteurs l'importance des solutions que propose à leur égard un génie aussi pratique que celui du fondateur de l'association du Familistère.

Les Socialistes et les Droits du travail . . . . . **0 fr. 40**

La Politique du Travail et la Politique des privilèges **0 fr. 40**

La Souveraineté et les Droits du peuple . . . . **0 fr. 40**

La Réforme électorale et la Révision constitutionnelle 0 fr. 25

Scrutin national au bulletin de liste et renouvellement partiel annuel . . . . **0 fr. 25**

Ces deux études indiquent le moyen pratique de donner au suffrage universel, la liberté de ses mouvements par des dispositions vraiment démocratiques ; elles démontrent que c'est là le premier pas à faire pour la consolidation des institutions républicaines ; que sans la réforme du système électoral qui sert aujourd'hui à la composition des deux grands corps de l'Etat, l'impuissance législative ne fera que s'accentuer et qu'on ne pourra attendre la réforme du régime parlementaire que d'événements imprimant à la volonté des hommes de nouvelles directions.

Associations ouvrières. — Enquête de la commission extra-parlementaire au ministère de l'intérieur. Déposition de M. GODIN, fondateur du Familistère de Guise . . . . **0 fr. 25**

Cette brochure contient un exposé du fonctionnement des services industriels et sociaux dans l'association du Familistère.

L'institution de l'hérédité nationale sur les bases proposées par M. Godin, c'est-à-dire concurremment avec l'organisation de la mutualité nationale, nous fait entrer de suite, sans confiscation des biens de personnes, sans préjudice porté à qui que ce soit, sans conflits d'aucune sorte, dans la voie de la pacification sociale et de la sécurité pour tous, non-seulement pour les classes laborieuses exposées aujourd'hui à la misère si le travail leur fait défaut ; mais aussi, pour les classes riches qui ne peuvent sans danger voir monter autour d'elle le flot croissant du paupérisme.

Le Devoir, Revue des réformes sociales. — Publiée de 1878 à 1888 sous la direction et l'inspiration de J. B.-André Godin qui, lui-même, y a écrit de nombreux articles. Un an, 10 fr.

Cette publication se continue par les soins de Mme Vve Godin.

Le Familistère de Guise, association du capital et du travail, et son fondateur Jean-Baptiste-André Godin, par F. Bernardot, membre du Conseil de Gérance de la Société du Familistère.

Ce livre contient 36 tableaux synoptiques, 19 planches et tableaux graphiques du plus grand intérêt. Il est orné du portrait de M. Godin et d'une vue à vol d'oiseau des usines et du Familistère, vue donnant l'état actuel des palais sociaux, de leurs annexes et dépendances et l'emplacement du Mausolée et de la Statue du fondateur.

Deuxième édition, revue et augmentée. . . . . .   2 fr. 50